システム感情片付け術

理系ボディーワーカーが教える〝安心〟

意識・感情システム研究家
小笠原 和葉
Ogasawara Kazuha

日貿出版社

はじめに

はじめまして。小笠原和葉です。

ボディーワーカーという仕事をしています。

みなさんは「カラダとココロはつながっている」という言葉を聞いたことはありませんか？

「痛み」「不快」「病気」などはカラダの問題。

「悩み」「苦しみ」「トラウマ」などはココロの問題。

と分けて考えずに、〃それらはつながった一つのものなのだ〃と考えてカラダに働きかけるセラピー等を、ボディーワークといいます。


みなさんにも、「悩み事が解決したら体調が良くなった」とか「たっぷり寝た日はものすごく機嫌がいい」などということはありませんか？

多くの方はこんなふうにカラダとココロのつながりを感じていらっしゃると思います。このカラダとココロが、どんなふうにつながっているかを知ると、実はとっても〝使える〟んです。

私は理系研究職から転身し、ボディーワークの世界に入って15年近くになりますが、その間にたくさんのココロやカラダの学びを経験してきました。

その中でも「意識」というものに興味を持って個人的に研究を重ね、今では「意識・感情システム研究家」としても活動をしています。

この本では、私がこれまで研究してきた「感情の片付け方」について、みなさんにすぐ使って効果を実感していただけるように、そのシステムと片付けに役立つエクササイズをたくさん盛り込みながらご紹介しています。

「感情」。この瞬間にも浮かんでは消えるつかみどころがないものだけに苦労しますよね。「感情のコントロールができれば人生のすべてがうまくいく」と言う人もいるくらいです。

「感情」と一言に言っても、その種類も大きさも深さも様々。それだけにちゃんと片付けられれば、人生でずっと起こってきた大問題が解決されたり、大きな成長のきっかけになることもあります。

実は私自身も感情の振れ幅が大きいタイプで、かつていろいろな方法で取り組んできました。ところが子どもが生まれ、日々の生活が慌ただしくなると、「性格とか考え方とかそんなすぐに変えられないものを扱っている場合じゃない！とりあえず日々前に進むエネルギーを確保しよう！」と、感情の根本を解決することを放棄しました(笑)。

「今この瞬間が楽になればそれでいい！」とゴールを切り替え、カラダとココロのつながりを使って自分の感情をどんどん片付けていったのです。

すると、それまで苦しんできた感情との付き合いが本当に楽になりました。

そして気が付くと、性格や考え方が、より楽な方へと変わり、自分のことが好きになり、いろいろなことがシンプルにうまくいくようになりました。

この本でご紹介する「システム感情片付け術」は、ボディーワーカーとしてのこれまでの研究と、私自身の日常の中から生まれてきた、今ここにいるあなたがすぐに楽になるお手軽な方法です（でも実は、アメリカの最新のトラウマ療法の原理や生理学のしっかりした裏付けもある、効果が実証済みの方法でもあります）。

この本に書かれている「片付け術」を実践していくうちに、いつの間にか、自分の「ココロとカラダ」との新しい付き合い方も手に入れられるはずです。

あなたがもっと心地よいココロとカラダを手に入れるために、本書が少しでもお役に立てれば幸いです。

目次

2 感情片付けの鍵は〝カラダ〟と〝神経系〟にあり

3 いますぐできる！ システム感情片付け術

1

自分の感情なのに、どうしてうまく片付かないの？

感情をコントロールできないのはなぜ？

自分の感情をコントロールできたら、人生はどんなに楽になるだろう！　そんなふうに思ったことはありませんか？

悩みの程度は人それぞれ違っていても、おそらくすべての人が自分の感情に振り回された経験があるのではないでしょうか？

でもそれって、よく考えるとてもおかしなことですよね。だって私たちの感情は、自分が作り出しているものですから。

「もう、頭にきた！」

と怒りを向ける原因が、たとえ気に入らない上司だったとしても、その怒りの感情自体は、別にどこか外からやってきたわけではありません。

あくまでも自分の中で起こっている、いえ、自分で作り出しているものです。

たとえば「友だちの言葉に傷ついて、悲しくなってきた……」となった時、そのきっかけは確かに友だちの言葉かもしれません。でもその〝悲しい気持ち〟を

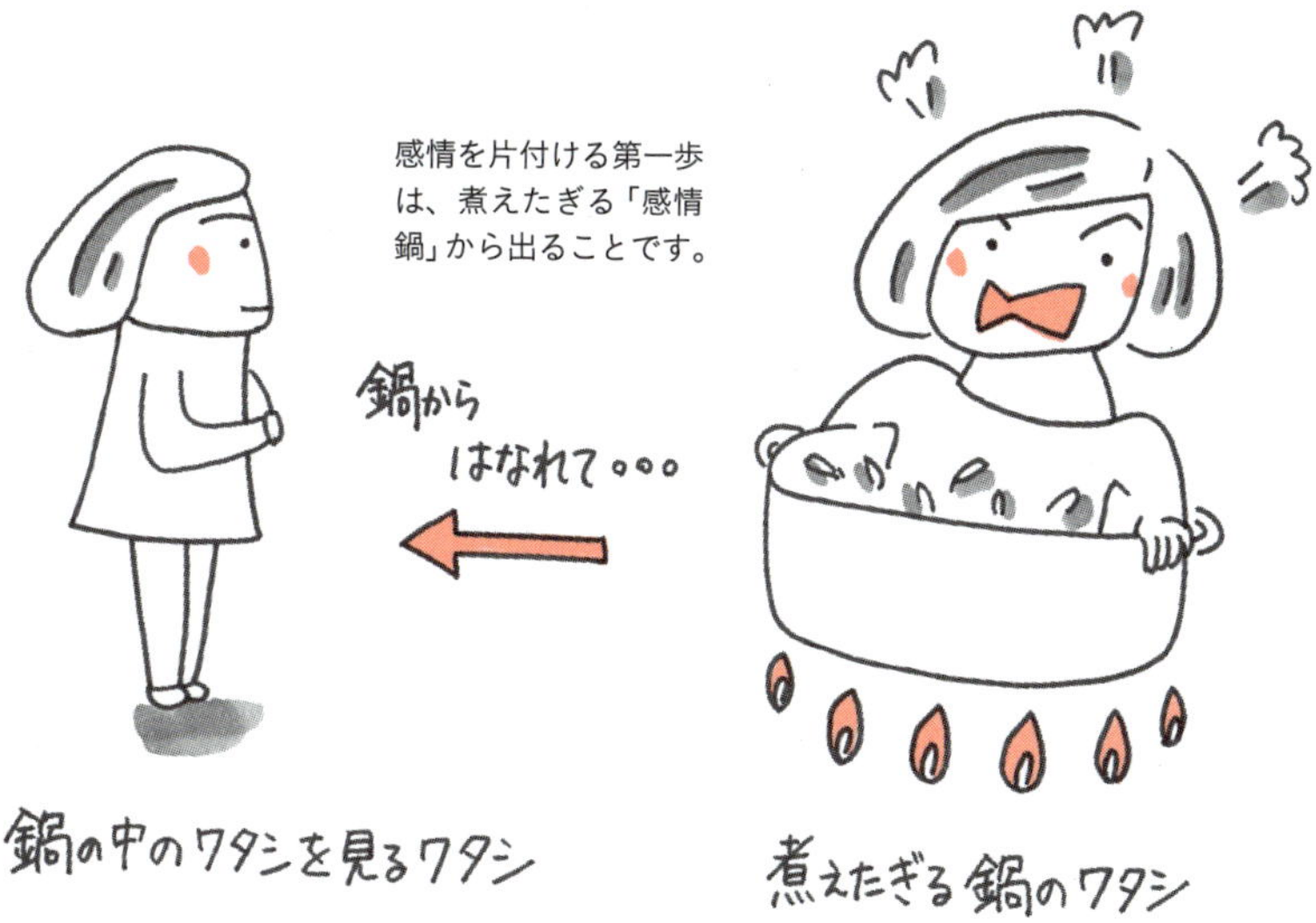

感情を片付ける第一歩は、煮えたぎる「感情鍋」から出ることです。
鍋からはなれて。。。
鍋の中のワタシを見るワタシ

自分の心の中に作り出しているのは、まぎれもなく自分自身。なのになぜ、自分が作り出したはずの感情を、うまくコントロールすることができないのでしょうか？

それは、自分の感情の中に入って、巻き込まれているから。

たとえるなら、感情が煮えたぎる鍋の中にどっぷりつかったまま、鍋をかき混ぜて「なんとかしよう！」としているようなもの。だけど自分が煮える鍋の中に入っていては、上手に料理ができるはずはありません。おまけに一度この「感情鍋」の中に入ったら、簡単には抜け出せません。それどころか一緒に熱くなって、気付けば誰も手をつけられない独り鍋になっているなんてことも……。

結局私たちは、自分で作った感情のせいで日々、怒ったり、悲しんだり、疲れたりしているわけです。だから「感情を片付ける」時に最初に取り組むのは、まずはその、

感情の外に出る

こと。

そこが「システム感情片付け術」のスタートなのです。

感情は「巻き込む力」がすごい

「今日のお昼、何にしよう?」「明日の予定は何があったっけ?」といった〝考えること〟に比べて、「あの人の言い方はないよな!」「あの叱り方には凹《へこ》む……」といった〝気持ち〟はなぜか心に残ります。そのうえ嫌な感情であればあるほど、

よせばいいのに、わざわざ何度も思い出しては、なかなか嫌なその感情から離れることができませんよね？

それはあなたのせいでも、その感情の原因であるあの人のせいでもありません。

感情自体が、そうやってあなたを巻き込む力を持ったものなのです。

「どうしたら感情をコントロールできるのでしょう？　むやみに子どもを怒らずにすむ方法は、ありませんか？」

私の講座やセッションにみえるお母さん方から、よく質問される悩みです。

でもその〝苦しさ〟は、〝子どもを怒った〟ことで生まれているのでしょうか？

いえいえ、その苦しさこそ、感情に巻き込まれている証拠なのです。

「いいかげんにしなさい！」と怒りを爆発させて、子どもに当たっても、ちっともスッキリしませんよね？　その理由は、怒っているのが一番苦しいのではなく、怒りを爆発させたあとに本当の苦しさがやってくるから。

ついつい怒ってしまうのは、もう感情に巻き込まれているから。

「また怒っちゃった。本当は怒りたくないって思っているのに」

「子ども相手に何をキレているんだろう私は。子どもがビックリしておびえていた」

「子どもにトラウマを与えているのかも……私のせいでキレる子に育ったらどうしよう？」

「こうやっていつも、結局自分をコントロールできない。なんてダメな母親なの」

こんなふうに、怒ってしまった自分を責めたり、そんな自分についてくどくど考えたり。〝怒り〟という感情の周りに、どんどん新しい嫌な感情が湧いてくる。これが感情に巻き込まれているあなたの姿です。

怒ったあとに湧いてくる新しい「嫌な感情」。感情に巻き込まれている状態です。

悩んでも仕方がないことを、いつまでもグルグル考えたり悩んだりしていませんか？

この、

〝グルグル〟

こそ、まさに感情の巻き込む力です。ちょっとした考えの隙間に、感情はあなたをガッチリ捕まえて、この終わりのない〝グルグル〟の中に引きずり込みます。

その巻き込む力に気がついて脱出すること。巻き込もうとする〝感情の魔の手〟に乗らないことが、「システム感情片付け術」の第一歩です！

感情をこじらすポイントはここだ！

「どうしてなんだろう？」「なんでなんだろう？」、そう考えはじめて苦しくなっている時は、もう「感情のグルグルパワー」に巻き込まれています。しかもタチが悪いのは、自分では巻き込まれていることにまったく気付かないこと。

こんな時、「どうしてこんな気持ちになるのか、根本原因までたどらなければ！」なんて思っていませんか？　確かにセラピーやカウンセリングなどではそういうアプローチも行いますし、自分で行うこともある程度できます。でも、それはNG！

そこでここでは、まず感情のグルグルパワーに巻き込まれないために、感情との付き合い方で危険なNGポイントを2つ、まとめておきます。

point 1

Don't fight!
感情と戦っていませんか？

感情と戦わないこと

「こんなふうに怒っちゃダメ！ 許さなきゃ！」
「私って本当にダメ、サイテー……ああ、この自分を責める気持ちを手放したい！」

カチンときたり、シュンとして立ち直れなかったりするのは、大きな音に驚くのと同じで、カラダの自然な〝反応〟です。

音で驚いても誰も自分を責めないのに、感情のこととなると、つい私たちは「ああ、こんなことじゃダメだ……」と自分のことを責めてしまいます。それは自分の理想とは違うからでしょうが、すでに起きてしまった自然な反応を悪いものと決めつけて責めても仕方ありません。疲れるだけで生産性はゼロ！ ポイント1は「感情と戦わないこと！」です。

point 2

Don't be serious!
感情を深刻に考えすぎていませんか？

「やっぱり私の言い方がいけなかったのかな。でも、そうなったのはそもそも……」

「これって私の悪いパターンだな。でも悲しみって、実は怒りが原因って聞いたことがある。私の怒りってなんだろう。えーとえーと……」

と自分の感情を深く掘り下げてグルグルする。これも感情に巻き込まれるパターンです。

自分の嫌な感情の原因を探すのに、過去や経験をさかのぼることはプロのセラピストも用いる手法です。うまくいけば効果もあるのですが、あまりに原因を深く掘り下げすぎ、かえって問題が深刻になっていくだけで出口はない、というケースもあります。

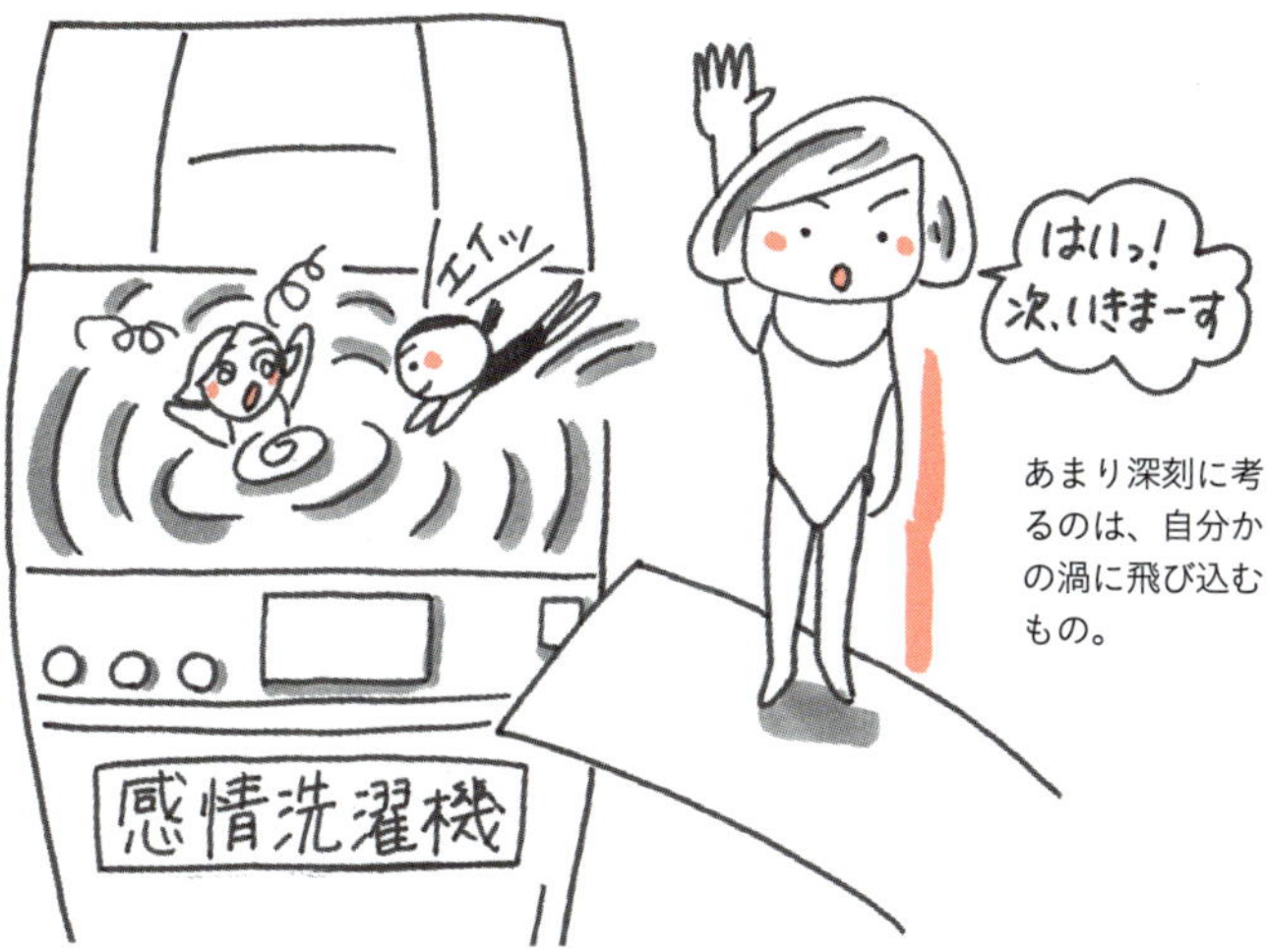

あまり深刻に考えすぎるのは、自分から感情の渦に飛び込むようなもの。

心理学やセラピー、スピリチュアルなことへの関心が、一般にも広がったのはよいことだと思うのですが、なまじ知識があることでかえっていちいち感情を深く掘り下げるくせがついてしまい、結局、余計に大変なことになることがあります。

たとえば（ちょっと極端な例ですが）、

「あー、電車行っちゃった、ちぇっ！」

←「なんで私はいつも間が悪いんだろう？」

←「なにをやってもそう。あの時ももっとちゃんと返事をしていれば違ったのに」

←「思い出せば小さい頃からずっとそうだった。これからもそうなのかな……（落ち込む）」

というふうに。

直前で電車が行ってしまったら、たいてい誰でもがっかりします。でも自分のことを掘り下げて深刻になっている間に、次の電車は来ます！　いちいち自分の感情を深く突き詰めようとするくせがある人は要注意。

ポイント2は「感情について考えすぎないこと！」です。

感情について〝理解〟しようとすることは、〝楽になる〟こととは別問題。わかろうとしてかえって苦しくなっていること、多くありませんか？

感情は、巻き込む力の強いものです。竜巻のように自然発生的に生まれ、いつしか消えていくものですが、それがある間は〝感情の渦〟に近づけば近づくほど、吸い寄せられ、巻き込まれてしまいます。

「くよくよしないで、ポジティブに考えよう！」とか、考えや思い込みのくせを変えようとすることもあると思います。それで本当に気持ちが軽くなるのでしたら、もちろんやってみる価値はあります。

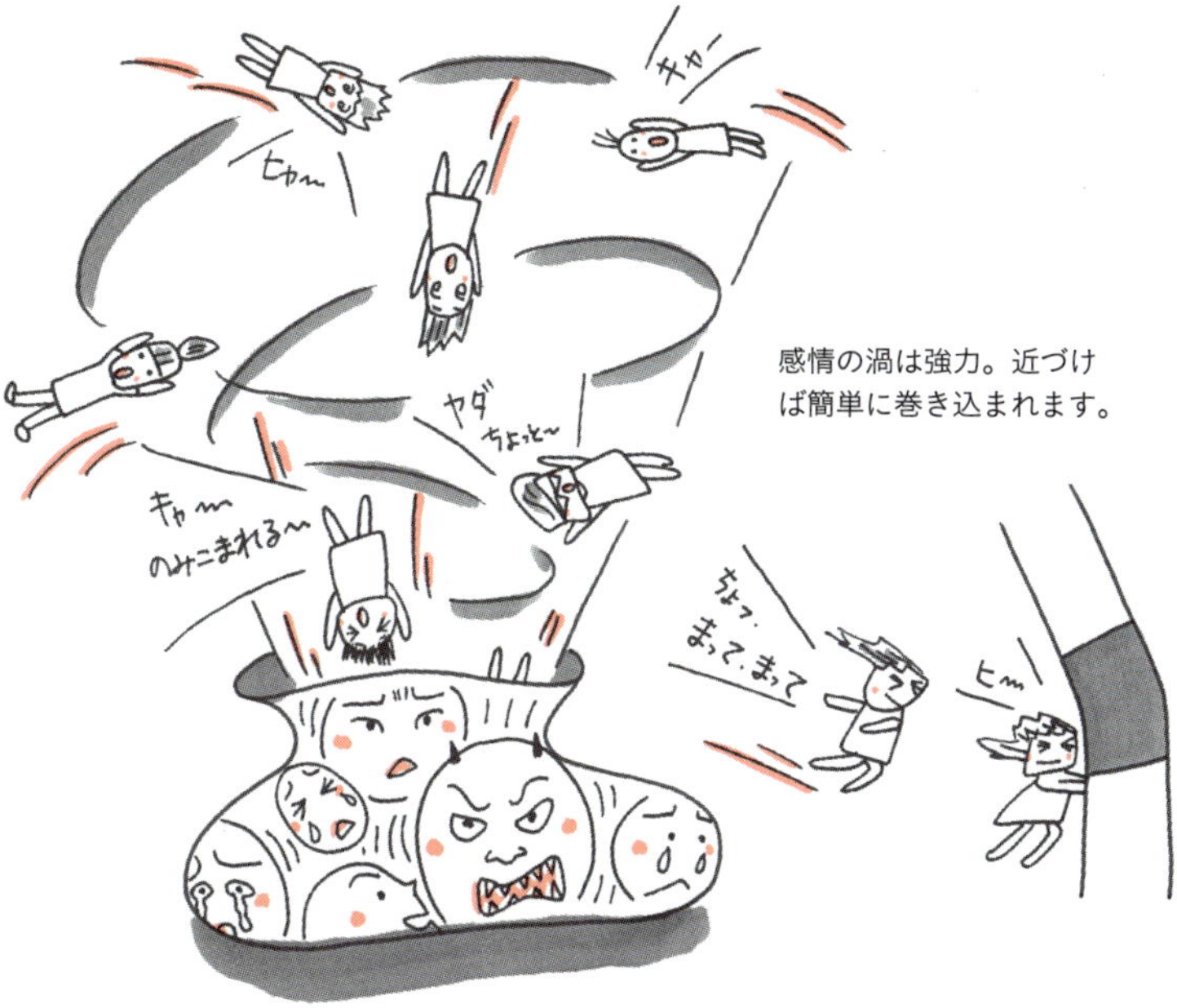

感情の渦は強力。近づけば簡単に巻き込まれます。

でもたいていは、ここから次のややこしい考えが生まれてきます。どんな形であれ、逃れたいと思うような苦しい感情であればあるほど、「大きな渦」。近づけば近づくほど巻き込まれ、こじれます。感情とはそういうメカニズムになっているのです。

感情をコントロールしようと向き合ったり、戦ったり、分析しようとすることは結局、わざわざ感情に巻き込まれてしまう原因になるわけです。

私たちの感情は関われば関わるほど、巻き込まれてややこしくなるリスクが増えるだけ、と覚えておいてください。

感情に巻き込まれないコツ

ここまでを整理すると、感情に巻き込まれないコツはたった一つ、それは

近づかない

こと。

向き合わない、分析しない、深入りしない、戦わない。

つまり、自ら進んで感情に巻き込まれるようなことを、ひとまずやめる!

これが感情を片付けることの第一段階です。

もちろん、自分の感情に向き合うことも絶対ダメなわけではありません。

〝余裕があれば〟一つひとつ自分の感情を整理することは、よいこともたくさんあります。だけどそれは本当に余裕がある時にやるべきこと(これはパート4の「リソース」のところで詳しくお話しします)。

たとえて言えば、部屋の片付けをはじめたはずが、つい部屋の隅に積んであったアルバムを開いてしまい、思い出にふけって結局、いつまでも片付けが進まないのと同じです。

今、自分の感情に困っているのであれば、まずやるべきことは、ゴチャゴチャした感情を〝自分の心〟という部屋の片隅に寄せておいて、落ち着いて座ってひと息つける、そんな場所をつくること。

感情を完全に消し去るのではなく、感情が散らかって居場所がなくなっていたところに、自分にとって心地よいスペースを取り戻してあげること。つまり、「苦しくなくなること」。これが「システム感情片付け術」のゴールです。

そして実は、〝自分の心〟という部屋を居心地よくする方法には、「感情を片付ける」以外にもう一つあるのです。なんと「部屋自体を広げる」！　その仕組みは、パート2で紹介します。

片付ける時には「分析」
は必要ありません。

「感情を片付ける」ってどういうこと？

「確かに！　今まで進んで巻き込まれるようなことばっかりしてました！　でもどうやって、近寄らないで片付けるの？」


そんな声が聞こえてきそうですね。

さっきも登場した部屋を片付ける時のことを思い出してみてください。

あなたがやるべきことは、部屋に散らばった沢山の本や洋服、小物に対して、「なぜこんなにあるんだろう？」と原因を探すことでも、「そういえばいつも、同じようなモノを買っている

大事なのはちょっとくつろげる「スペース」をつくること。

のは……」と分析をはじめることでもありません。やりたいことは、とりあえず収める場所に収めて、今いるスペースをちょっとすっきりさせ、「そこで一杯のコーヒーでも飲んでくつろぐ」ということです。

ですからやるべき手順は、片付けるべきものを手にとったら、さっさと〝分類〟して〝あるべき場所に収め〟、〝次のモノにとりかかる〟こと。

ここで大事になってくるのは分類の方法です。たとえばアルバムを「あの頃の思い出が詰まった大切な一冊」とストーリーの重さで分類したら、どうしても中を見たくなって、開いて思い出にふけり……と、片付けが長引きますよね。

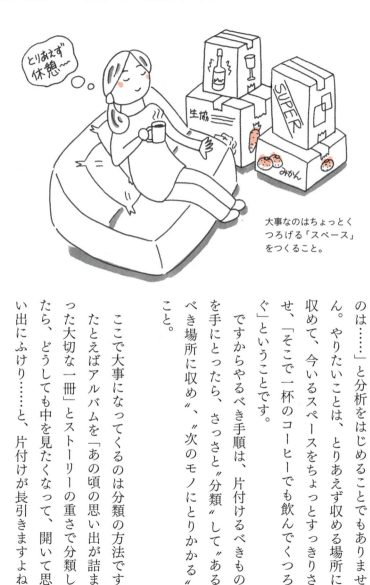

だけど少し距離をおいて「少し厚くて重い本」と分類したら、本棚に直行させられます。これが本書でいう「片付け方」。

少し距離をキープして〝チラ見〟で分類、素早く片付け先を探す！

この「チラ見↓分類↓片付け先を探す」というリズム感が大事です。じっと見つめていると、すぐに巻き込まれますからね！

手順を確認したところで実際の感情に当てはめていきましょう。

あなたは、旅行の誘いになかなかハッキリ返事をくれない友人に、イライラしています。

「なんでなの？　本当は行きたくないんじゃないの？　私がいろいろ予定立ててあげてるのに……」これはもう、

感情に巻き込まれはじめの状態。

滝のように流れる感情を、外から眺める視点が、感情片付け術の第一歩。

このままほおっておくと、感情のグルグルに巻き込まれていきます！

ここで大事なのは、まず、

「あ、感情に巻き込まれはじめてる！」

と気付くこと。イラッとしたり、ムカッとしたら上のイラストを思い浮かべましょう。

巻き込まれそうになっていることに気付けたら、もうかなりの前進です。感情に巻き込まれない距離まで引き返すことができます。

これが「感情の中」に入っている状態から、「外から感情を眺める」視点に変わった状態です。「外に出よう」と頑張らなくても、気付ければもうそれが外に出られたということ、片付けの第一ステージはクリアです！

そしてここでもう一つ大事なのは〝ひと呼吸〟すること。

ちょっと遠くを眺めて、ふうーっとゆっくり、ため息をつきましょう（ここは〝ため息〟でもOK！）。これを何度か繰り返して、感情が段々遠ざかっていくのを見送るようなつもりで。

少し気持ちが落ち着いてきます。

簡単な方法ですが、カラダに働きかけることで、感情に巻き込まれている時のココロを変えることができるのです。もっと具体的な方法はパート3のエクササイズ編で詳しく説明しますので、まずはこの「ふうーっ」だけ試してみてくださいね。

感情はカラダからやってくる

感情がこじれると、私たちは普通「ココロの問題」だと思います。イライラと腹が立つ時、クヨクヨ悲しくなる時、それはココロの中で起きている、と感じますよね。でもそのココロって、一体どこにあるのでしょう？　あなたの足元ですか？　頭の外ですか？　それとも胸のあたり？

私は、カラダに施術する〝ボディーワーカー〟として、クライアントの方と、日々関わってきました。その経験から、施術を行ってカラダが楽になると〝ココロまで劇的に楽になる〟方が多いことに気付きました。感情そのものにはノータッチでも、カラダを楽にすることであっさりと感情が片付いてしまうのです。

そう、ココロの問題は、カラダで解決できるのです！

感情に巻き込まれて苦しくなったら、それをいったん置いておき「この感情が生まれる私のカラダには、何が起きている？」と見てみること。本当はカラダの方に何か起きたせいで、あなたを苦しめている感情が生まれたり、長引いたりしていることもとても多いのです。みなさんも、自分が不機嫌だったのは、単にお腹がすいていたせいだと、後で気付いたことはありませんか？

感情はココロの問題ではなく、それが起きている、

〝カラダの問題〟

として扱うことができる。

これがあなたをあっという間に楽にしてくれる〝新しい視点〟です。

不安はカラダが育てている!?

では、「不安」を例にして考えてみましょう。

不安は、漠然としていて、なぜだかむくむくと湧いてくるやっかいなもの。もっともとらえどころがなく、もっとも片付けたい感情の一つかもしれません。なぜ湧いてくるのかわからないのでますます不安になり、出口が見えないまま、その感情の中に居続けてしまいがちです。

実は不安とは、自分の中から湧いてくるものではなく、外からの刺激や「思考」によって育っています。

「外からの刺激って、なに？」それは、

「情報」

です。

私たちは日々、大量の情報にさらされています。丸一日パソコンで仕事をし、電車に乗ればホームも車両も広告だらけ。ほんのすきま時間があれば歩きながらでもスマホを見て、テレビを眺めながらごはんを食べる……思い当たることはありませんか？

ボディーワーカーとして、カラダからの観点で言うと、

情報による刺激と反応が絶えず繰り返されることで、神経は興奮します。

ちょっとした隙間時間にも、私たちは情報を求めてしまいます。

ただなんとなく耳に入ったり、目にする情報ですら、私たちにとっては刺激になります。これではいつでもツンツンツン、と感情を突かれているようなもの。

ネットや雑誌などから目に飛び込んでくる広告は、いかに私たちにそれが足りなくて必要で、その商品やサービスを手に入れれば、素晴らしい未来が待っているかを繰り返し語りかけてきます。それを見ているうちに何となく、「自分が何も持っていない」ような感覚や、「ここではない、素晴らしい未来がある」と〝今〟を否定したくなる気持ちにつながっていきます。

ＳＮＳ（ソーシャル・ネットワーキング・サ

世の中に満ちあふれる情報。それこそが、私たちの感情を刺激しているのです。

ービス）ではみんなが、素晴らしくて、楽しくて、輝いていて、幸せな私！ という側面〝だけ〟を発信しています（私はそれを「SNSバイアス」と呼んでいます）。今日はイケてない私、仕事がうまくいかない私、コンビニ弁当を一人食べている私……、をわざわざ発信する人はあまりいないわけですから、SNSをぼーっと暇つぶしで見ているだけなのに、「みんなが」「素晴らしくて」「楽しんでいて」「輝いていて」「幸せそう」に見えてくるマジック！

おそるべし、SNSバイアス！

発信されたものだけが、リアルではないとわかっていても、情報は「刺激」です。理性的な判断を超えた「反応」が起こってきます。

蚊に刺されて赤くなるのと同じ。

情報という刺激に対する「炎症反応」が神経の興奮なのです。

興奮は、その情報が狙っている方の感情を揺さぶります。

「今のままじゃダメだよね？」「確かにダメかも……」

「これがあったらいいよね！」「うん、それ欲しい～」

「いいでしょう！　すごいでしょう！」「いいなあ……、すごいなあ……」

私たちに何かを買わせようとか、欲しがらせようとする仕組みの多くは、この「不安」を使っています。

こうした不安を感じたら「情報は本気にしない」「キラキラしているものの後ろに、同じくらいの量のロクでもないものがあると思い出す」だけでＯＫ！

写真加工アプリできれいに整えられたモデルの写真と比べると、なんだか自分がとてつもなくみすぼらしく感じられる……のは当たり前です。

でもそんなふうな作られた情報から生み出されているのが、私たちの多くが感じる不安の正体ではないでしょうか。

漠然とした不安が湧いてきたら、「おっと、情報に刺激されてるわ」「私のカラダが不安を生み出しているのね」とつぶやいてみてください。

いつもココロに〝バランススケール〟を！

ところで、あなたは今、リラックスしてますか？

おそらく多くの人が「え？ どうかしら……？」としばし自分を観察しはじめると思います。

では次のページのイラストを見て、もう一度考えてみてください。今、あなたはこのバランススケールのどの辺りにいるでしょうか？

もう少しゆったり椅子に腰掛けたり、深く呼吸したり、肩の力を抜いたりもう

緊張からリラックス。いま

少しリラックスできるところ……。つまり必要以上に緊張しすぎているところはありませんか？　この図を見ただけで、それが少しゆるんだ方も多いと思います。

温泉やリゾートを満喫したり、友だちとゆっくりディナーをしたり。そういった経験に支払うお金はある意味、「リラックスを買うために使っている」と言えるかもしれません。私たちは〝お金を払ってまでリラックスしたい！〟と思っているのに、どうしてつい、緊張する方にココロが振れてしまうのでしょうか。あらためて考えてみると、とても興味深いことです。

私たちが日常で体験する緊張の多くは「プレ

ゼンしなきゃ！」という時のドキドキとは種類が違います。プレゼンのドキドキは、神経を高ぶらせて集中して力を発揮しようとしているカラダの機能の一つですから、ある程度必要で役に立つ緊張です。

けれど私たちが日常でしている緊張の多くは、こういった「役に立つ」緊張ではなく「つい無自覚に頑張りすぎる」ことから来る緊張です。

その緊張は、「ココロがドキドキしている状態」ではなく、「カラダが不必要に力んでいる状態」です。ぐっと息を詰めて、ギュッと力を入れて、奥歯を噛み締め続けてしまう。それが続くと「頑張りのパターン」をカラダが引きずってしまうことになります。

時々「緊張とリラックスのバランススケール」を思い浮かべることは、頑張りぐせの修正に役立ちます。

カラダは常に心地よい方を目指しています（この仕組みを〝自己調整〟と言います）から、緊張しすぎていることに気付くだけで、自分をベストなバランスに近づけようと働いてくれます。

感情も同じ。

自分のココロの中に、感情との距離の現在地を測るバランススケールを持って、現在地がわかるようになると、自分の感情との付き合い方が圧倒的に楽になります。

たとえば〝富士山に行こう!〟と思った時、まず自分のいる場所がわかっていることが必要ですよね? 東京にいるのか沖縄にいるのかがわかっていなければ、どの方向に向かえばいいかもわかりませんから。

感情に「近づきすぎていた」と気付くことで、自分と感情との距離は変わります。離れれば離れるほど片付けやすくなり、苦しさは減ります。

近づきすぎていることに無自覚だから、巻き込まれる。無自覚だから、こじれる。でもそれを意識化できたら、巻き込まれない、こじれない。

バランススケールを持っているだけで「感情が片付けやすくなる」のです。

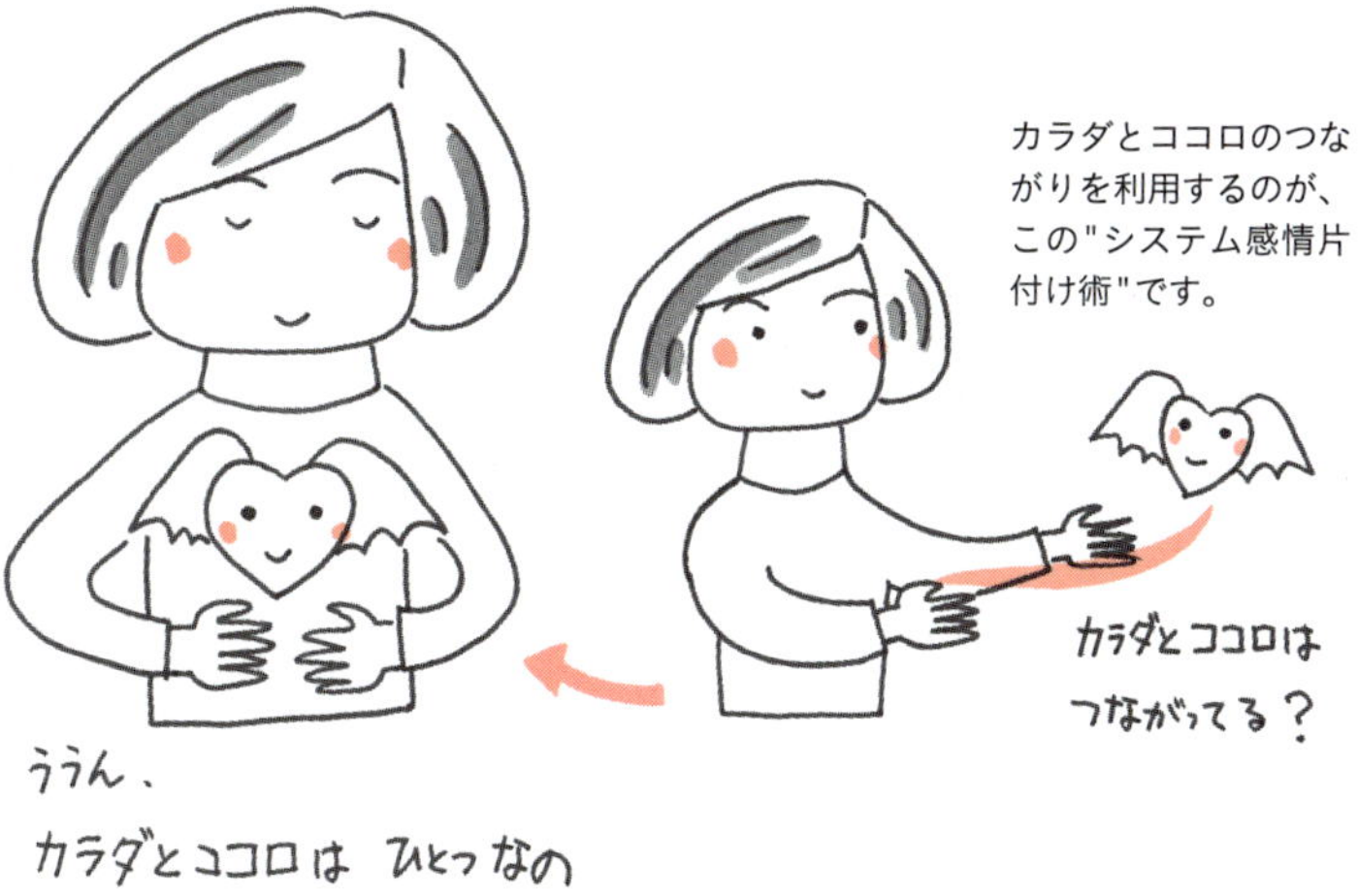

カラダとココロのつながりを利用するのが、この"システム感情片付け術"です。

ココロとカラダはつながっている

「ココロとカラダはつながっている」という言葉を聞いたことがありませんか？

もう聞き飽きた、という人もいるかもしれませんし、私たちの実感としてわかることも多いでしょう。体調がよいと気分も明るくなりますし、具合が悪いと気持ちはどんより、ネガティブな感情が湧きやすいですから。

実は100年以上も前から、カラダの状態とココロの状態が深く関係していることが、知られていました。

感情に巻き込まれた時、「ふうーっ」とひと呼吸すると距離が離れることは、先ほど説明しましたよね。

実際、ジークムント・フロイト(注1)や、カール・グスタフ・ユング(注2)の時代には、横隔膜の動きとココロの状態が連動することがすでにわかっていました。また、ピエール・ジャネ(注3)は横隔膜の研究で、呼吸のリズムの乱れが神経症における感情表現の混乱に伴うことを観察し、ココロとカラダは相互作用しており、切り離すことができないものだと考えました（参考：『ソマティック心理学』久保隆司 著、春秋社より）。

今でも、多くのボディーワークや手技療法で呼吸の様子は、カラダとココロの変化をわかりやすく現し、顕在意識と潜在意識のどちらにもまたがるものとして注意深く観察されています。特に、呼吸を行う横隔膜は、意識的にコントロールすることもできますし、無意識のココロの状態からの影響も受けます。

ちなみに横隔膜とは、胸とお腹の間にある、呼吸をコントロールする筋肉群のことです。つまり、呼吸とココロの状態はこんなところでもつながって影響し合っている、ということです。

ということは。

ココロとカラダがつながっているという、そのつながりを利用して、「感情を片付ける」ことができるのです。

つかみどころのないココロに対処するのに比べて、目に見えて手で触れられるカラダに対処することはとても簡単です。

感情は、それ自体が巻き込む力を持っていますから、感情に立ち向かったらややこしくなるのは繰り返しているとおりです。だから、感情そのものにはノータッチ。その代わりに、その感情を生み出しているカラダの状態に注目します。

そうすると、カラダが感情を生み出す仕組みが見えてきます。仕組みが見えてきたら、カラダを通してそれに対処するだけ（感情を生み出す仕組みについては、パート2で詳しく説明します）。

私たちが日々感じている様々な感情。片付けに大事なのは、仕組みを知ることです。

「何なのあの態度！　頭くる〜！」という怒りを理性でしずめようとするのではなく、「ああ私今、ずいぶん神経が高ぶっているな。呼吸も浅い。気付いたら奥歯も噛みしめて全身がキュッとなっている。まず呼吸をゆっくりにしてみよう」と、感情をココロの問題ではなく、カラダの問題としてとらえると、〝システマチックに〟片付けていくことができますよ。

ちなみに、フィギュアスケートの浅田真央選手も、ゆっくり細く長く息を吐く呼吸をすることで、試合開始時の感情をコントロールしています。

ここまでのところで、「感情があなたを巻き込む仕組み」と「そこから抜け出すには、カラダに働きかけた方がいいらしい」ことを、何となくでも理解していただけたでしょうか。

続くパート2では、感情のことを、〝ココロ〟の問題としてではなく、〝神経〟という新しい視点からお話ししていきます。そして自分にとっての心地よさを〝感じる〟ことで、問題となる感情が自然と片付く仕組みを探ります。

でも「そんなリクツより、システム感情片付け術の具体的な方法が知りたい！」という方は、パート3から先に読み進めてくださいね。

（注1）ジークムント・フロイト：1856～1939年。オーストリアの精神科医。無意識の存在に着目した精神分析の祖

（注2）カール・グスタフ・ユング：1875～1961年。スイスの精神科医、心理学者。深層心理を分析するユング心理学の創始者

（注3）ピエール・ジャネ：1859～1925年。フランスの精神科医

column 1
癒やしやセラピーは、上級者向け？

癒やしやセラピーは、感情の対処法としてはもちろん、大変効果があります。そしてとても「楽しい」ですね（笑）。でも実は、感情への対処法としては上級者向けと言えます。

たとえば、手ひどく男性に振られたことがきっかけで「すべての男性は結局、私を捨てるんだ」と、自分でも気付かないくらいココロの奥深くで傷つき、思い込んでしまったとします。

そうすると、誰と付き合ってもいつもどこか不安で、彼の一言一言に不安になったり、いらだったり。なにかとその思い込みと結びついて感情がこじれてしまいがちです。

こんな時、思い込みを持ってしまった根本の原因にまでさかのぼり、誤ったイメージを修正する〝癒やし〟や〝セラピー〟の手法は、大変有効です。ただしあくまでも、「根本の原因にまできちんとたどり着ければ」という条件付き。少なくとも感情に巻き込まれて苦しいさなかに、自分一人で正解の見えない感情の世界を深く掘り下げることはかなり難易度が高いと言えるでしょう。

感情は、あなたが苦労してたどり着いた根本の原因とはまったく関係のないところで、不意にうっかり生まれてしまうシステムも持っています（パート2で詳しく説明します）。

確かにこじれる感情のパターンには、何らかの思い込みや信念、トラウマなどの根本原因が隠れていることも多いのですが、それらをたどるのは根性ではできません。それをさぐりたい時は、信頼できるセラピストやメソッドの助けを借りることをオススメします。

感情は一人で深刻に分析しても、落とし穴にハマる可能性大です！

2

感情片付けの鍵は

〝カラダ〟と〝神経系〟にあり

こじれる感情はみんな〃神経系〃のしわざ

イライラしたり、クヨクヨしたり、メソメソしたり……パート1では、感情がグルグルする＝こじれている自分にまず気付いて、その感情に巻き込まれないためにカラダに働きかけることをお話ししてきました。

ではその「カラダ」って具体的にはどこなのでしょうか？

怒りでカッカとのぼせる頭？ つらい時にキュウっと痛む胃？ それとも肩でも腰でも、カラダの痛いところ全部？

いえいえ、実はもっと大本《おおもと》があるんです。

それは、「神経系」です。

「ココロとカラダはつながっている（41ページ）」のところで、カラダの状態とココロの状態が深く関係している、と書きました。

ボディーワーカーとしての観点からすると、「ココロとカラダはつながっている」というよりはむしろ、ココロとカラダは一つのものと考えています。これは施術も含めた私自身の経験だけでなく、神経系の仕組みからも、そうとらえる方が納得がいきます。

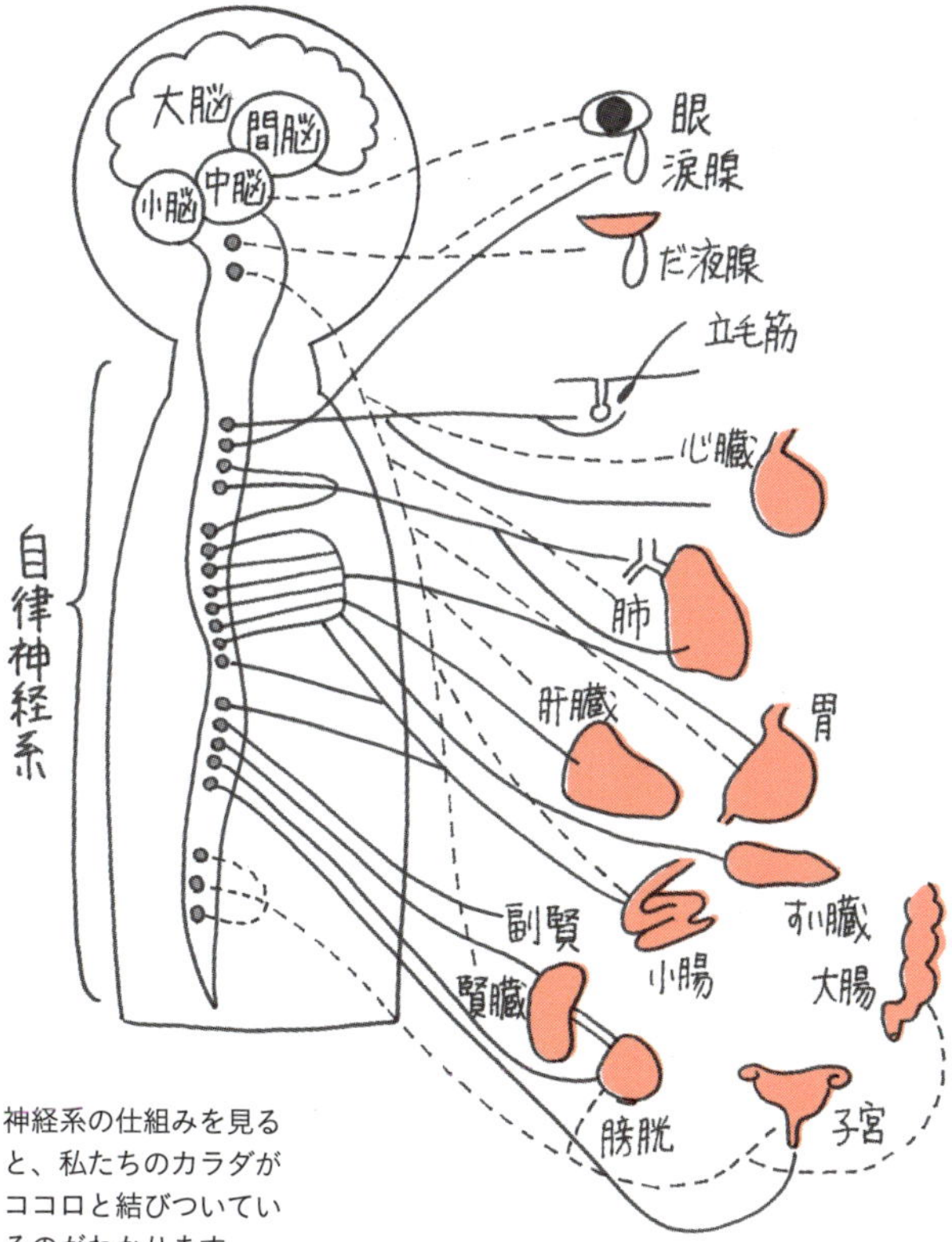

神経系の仕組みを見ると、私たちのカラダがココロと結びついているのがわかります。

緊張とリラックス。私たちは毎日このサイクルを繰り返しています。

現代人はストレスが多く自律神経系の調整がうまくいかなくなっている、という話を聞いたことがあるでしょうか。自律神経には大きく分けて2種類あり、キュッと緊張したり集中したり頑張ったりする時には「交感神経」が、眠ったりゆっくりお風呂に入ったりしてリラックスする時には「副交感神経」が優位に働きます。緊張の神経＝交感神経と、リラックスの神経＝副交感神経が、一日のうちでも波を描くように緊張とリラックスとの間を行ったり来たりしてバランスを取りながら、私たちのカラダは日々、過ごしているのです。

ところが、この仕組みがうまく働かなくなっているのが、現代人である私たちです。神経系がいつも緊張して高ぶったまま、「過剰に活性（過活性）」した状態になっています。

実はこれは、動物が警戒している時のモードです。

アフリカの草原で、シマウマがのんびり草を食《は》んでいるところを想像してみてください。

あなたは仲間と一緒に、風を感じながら黙々と草を食んでいます。

そこへ突然、背後になにか生き物の気配を感じます。

「！！！」

仲間かもしれない。でも、ライオンかもしれない。

ライオンだとしたら、自分たちを襲ってくるかもしれない。

もしかして逃げきれない距離まで近づいているのかもしれない。

そう思って、

背後にあやしい気配を感じると誰でも緊張してカラダが固まります。

○背後の一点に神経を集中し
○筋肉を固くし
○息をつめて
○全身を緊張させて
○次のアクション（逃げるか／戦うか）に備えるために、持っているエネルギーを総動員

します。

……あれ？　どうでしょう。これは「感情がこじれている」時の、あなたの状態そのものではありませんか？　グルグルグルグル何かをとめどなく考え続けることも、イライラして爆発しそうになるのも、きっかけがあればすぐ号泣できそうなほど張り詰めているのもカラダ（神経）にとっては超興奮状態です。

緊張する原因がなくなれば、自然に興奮状態はおさまります。

シマウマの場合は、「何だライオンじゃなかった（ホッ）」とか、ライオンから必死に逃げ延びたあと「よかった。もう大丈夫（ホッ）」と安心できるようになると、カラダがゆるんで、神経の活性がおさまります。

自然界の生き物はストレスを受けると、それを解放する仕組みを持っています。〝敵に襲われそうになって逃げる〟というのは自然界で想定内のストレスですから、ライオンがいなくなって危機が去れば、シマウマはリラックスしていける仕組みがあるのです。

ところが、そもそもカラダを緊張しっぱなしにする（つまり緊張を解除しない）頑張りぐせがある私たちは、神経の興奮やストレスを解消

緊張状態が続いてココロがロックされている状態。それが「トラウマ」や「感情のこじれ」です。

するための仕組みを上手に使うことができません。

ココロが解放したがっていても、カラダがロックをかけている状態です。

これが大きな問題となってその人を苦しめるのが、

「トラウマ」

と呼ばれる状態です。

本書でお伝えする「システム感情片付け術」は、こういったトラウマを治療する時と、同じ仕組みを使っています。

それは、

「神経系を落ち着かせれば、ココロに引きずっている苦しさが終わる」

ということです。

深くてゆったりした呼吸、広い視野、リラックスしたカラダを取り戻せば、ココロも落ち着く。そうすればこじれた感情は自然と片付いていきます。

〝感情に巻き込まれている〟自分に気が付いたら、その感情を生み出しているカラダを、やさしく安心させてあげましょう。

スマホでいつも爛々《らんらん》な私たち

あなたの個人的な感情のこじれが、実は社会環境と関係があると言ったら驚かれるでしょうか？　社会や人間関係が複雑になることで、「ココロの側」からのストレスも確かに増えているかもしれませんが、その解放をストップするカラダの緊張を蓄積させる環境に、多くの人が置かれています。

子どもは、ストレスから解き放たれると、大はしゃぎして声を上げ、走り回り、カラダを動かして、こらえていたものを発散させます。けれど私たち大人は、そんなふうにはしゃいで走り回って解放できません(笑)。それどころか、満員電車や、デスクワーク、人工物に囲まれた狭い空間で、カラダを固める一方で、深呼吸さえ忘れがちです。

また、〝明るくなったら目覚めて、暗くなったら眠る〟という生き物本来のリズムはほとんど失われていて、コンビニでも24時間、煌々《こうこう》とまぶしい光で照らされています。

こうしたことは全部、生き物としてストレスで、神経を緊張させる環境です。

そして近年加わった新しく大きなストレス……それは、

「スマートフォン」

です。

私は「生き物史上、こんなに光っているものを見続けたことがない」時代だと思っています。ちょっとした空き時間があればメールやSNSをチェックしたり、ゲームをしたり、LINEで会話をしたり……友だちが今日の昼ごはんに何を食べたかまでわかる時代は、今までなかったといえるでしょう。

スマホ（スマートフォン）を寝る前にいじると、不眠の原因になることは知られるようになりましたが（実はよく眠れていないということに気付いていなかったら、そちらのほうが問題ですが……）、スマホは懐中電灯に使えるほど「まぶしく光っている」ものです。

目は、「露出した脳」と言われるほどで、目から入ったまぶしすぎる光は、直接脳と神経系に大きなストレスになります。

さらに、だらだらとSNSを見ているだけのつもりでも、脳はスマホから飛び込み続けてくる情報をその間ずっと処理し続けています。小さい画面を見つめて、認識するために意識を集中させると、呼吸は浅くなりカラダは緊張します。

光るスマートフォンの画面を見るだけで、私たちのカラダは緊張状態になります。

先ほどの、ライオンの気配に全身を緊張させ臨戦態勢になっているシマウマと同じ状態です。

ちなみに言うまでもありませんが、ＰＣ作業をしている時も同じです。画面を見つめている時、息が詰まっていませんか？（はっ、私も今息を詰めていました！）

私は電車に乗ると、携帯を使っている人を観察するくせがあるのですが、今書いたようなカラダの状態の人が実に多いのです。少し前まで二つ折の携帯が多かった時代は、画面を見終わって携帯をパタンと閉じると、「ふぅ」とため息をついて、携帯をしまっていました。

それを〝緊張を解放する自己調整が働いてい

るなあ〟と思っていましたが、スマホになった今、人々が「ふぅ」とリセットすらしなくなっていることが気がかりです。

二つ折りの頃は〝パタン〟と閉じることで、「緊張の時間はオシマイ」という信号がちゃんとカラダに入っていたのが、緊張をリセットするタイミングがあいまいになって、より神経系の緊張を持ち越しやすくなっていると思います。

ひっきりなしにスマホを見続けている神経系は、いつも臨戦態勢です。興奮しているから、〝静かに落ち着いていられない、何かしたい〟。だからまたスマホを見る……。見る必然があって見ているのではなく、ほとんどが、〝落ち着かないからつい見ちゃう〟だけだろうと思います。

また、神経系が高ぶっていると、ちょっとした刺激があるとすぐに反応したくなります。ネットの炎上にはこうした背景もあるでしょう。

カラダが落ち着けば感情が落ち着く

もう一度、神経系が「緊張」と「リラックス」の間を行ったり来たりしている図（52ページ）を思い出してみましょう。

過活性の時は、興奮のピーク。足場の悪い山の頂上で、つま先立ちのままプルプル、踏ん張っているような状態です。足場の悪い山の頂上で、つま先立ちのままプルプル、踏ん張っているような状態です。小さな問題が大きく感じられ、普段は流せるようなことにも過剰に反応します。

過活性の状態から、とめどなく感情が生みだされてしまうのです。

ちなみに、あまり〝片付けたい〟とは思わないかもしれませんが、喜びなども増幅されます。「浮かれてはしゃいでちょっとやりすぎちゃいました……」ということにつながりがちな、〝ハイ〟状態。あれも一つの過活性で、カラダの視点で言えばバランスを欠いた状態です。

もちろん、感情の「芽が出る」背景にはその人の性格や考えぐせなど、いわゆる心理的な問題が絡んでいるとは思います。

けれどそれが苦しくなって巻き込まれ、立ち去れなくなるほど「育つ」ための火をくべているのは、「カラダ（神経）」が大きな役割を果たしているのも事実。

ここでしたいのは、あなたの感情についての心理学的な考察ではなく、「楽になる」ということですから、問題ない程度まで落ち着けばＯＫ。

だからこそ「システム感情片付け術」では、カラダという入り口を通して、ココロを扱います。ココロとカラダはつながっていますから、カラダが落ち着けば、神経系も落ち着き、感情が片付くのです。

緊張している時はココロの部屋はキュッと狭くなっています。

部屋にあるものの一つひとつにスペースが圧迫され、それに反応して、居心地の悪さが増します。

それに対してリラックスしている時はココロの部屋は広々しているので、のん

緊張してココロの部屋が狭いと、感情もぎゅうぎゅう！　でも部屋が広くなれば、気になりません。

びりとリラックスできます。

感情が部屋の隅っこに転がっていてもイライラしません。

部屋が広がることのメリットは、もの（感情）が完全に片付くことではなく、そこにのんびりしてお茶を飲んでくつろぐスペースができること。感情の苦しみが「気にならない」くらいに薄まって、ゆったりした感覚が戻ってくる。これが「神経系が落ち着いていく」ということです。

ここが物を片付けるのと、感情を片付けることとの違いです。

物はどんな収納グッズを使っても、捨てないかぎりなくなることはありません。

小さなコップを簡単に染めてしまう感情も、大きな湯船なら自然に消えてしまいます。

ところが感情の場合は、リラックスして部屋が広がれば、部屋の隅で転がっていた感情が気にならなくなったり、自然に消えていってしまう……。こんなすばらしい仕組みを私たちはカラダの中に持っています。

黒いインクを水に垂らすイメージを思い浮かべると、わかりやすいかもしれません。

小さなコップでは黒インクを少し垂らしただけでも、水が黒く染まるのがわかります。でも、大きなバケツではどうでしょう？　多少インクを入れても薄まってしまいほとんどわかりません。ではバケツではなく銭湯などの大き湯船ではどうでしょう？　何を入れたのかさえわからないはずです。

リラックスして感情の部屋を広げるというのは、感情の部屋を小さなコップから大きな湯船にするようなものと言えるでしょう。

この「カラダが勝手に気になることを薄めて片付けてくれる仕組み」は、私も施術をする中でフルに活用しています。

ちょっと話がそれますが、「仕組みを使う」という点で参考になると思いますので、ここで私が実際に施術で行っていることについてふれてみますね。

クラニオセイクラルセラピーについて

私がふだん行っている施術のベースになっているのは、「クラニオセイクラルセラピー」というボディーワークです。

この長い名前のセラピーは、日本語で言うと「頭蓋仙骨療法《とうがいせんこつりょうほう》」というちょっと物々しい名前になってしまうのですが、「5グラムのタッチ」と呼ばれるごく軽い圧で全身を調整する、とてもリラックスできるセラピーです。

私たちのカラダは60~70パーセントが水分だというのはご存じの方も多いと思います。この水分には、血液、リンパ液、組織液などがありますが、カラダの中ではこの液体たちがカラダをいきいきと保ったり、必要なものをカラダに届け、不要なものを排泄するなどの仕事をしています。健康を保つにはこの「液」が、十分にカラダの中でのびのびと仕事をできる環境であることが必要です。


そのための鍵となるのが「脳脊髄液《のうせきずいえき》」と呼ばれる液体です。

この液体は、頭蓋骨から背骨、仙骨(背骨の下、おしりの真ん中にある三角形の大きな骨)までの骨の中を流れていて、この本でしつこく触れている「神経系」の本体である「脳」と「脊髄」を守っています。

この液が、すこやかでいい状態にあると、全身もリラックスして、先ほどの液たちがいい仕事をできるのですが、全身の緊張の影響を受けやすい液でもあります。

この脳脊髄液を「ふわっといい感じ」に整えていくのがクラニオセイクラルセ

見守るように触ることで、
カラダが整います。

ラピーです。力でぎゅうぎゅう押したり、パキパキと骨を調整するのではなく、その代わりに、「そっと見守る」ことで「自力で調整する力を引き出す」というやり方をします。

子どもでも、ぎゅうぎゅう押しつけられるより、信頼してやさしく見守られている時のほうが、のびのびと可能性を発揮しますよね。

そんな風にして、私たちのもっともストレスがかかりやすい、脳や神経から、全身を整えてくれるのがこのセラピーです。

私はいろいろなボディーワークを学んできましたが、クラニオセイクラルに出会って、体調の改善効果だけではなく、セッションを受けた後の「ココロの軽さ」が魅力で、このセラピーにはまっていきました。ある時、先輩の施術者のセッションを受けた帰り道に、まるで小学生の頃にランドセルを背負って歩いていた時のような、不思議なまでのココロの明るさと足取りの軽さに本当に驚きました。

〝ボディー〟ワークで、ここまで〝ココロ〟が軽くなるってどういうこと⁉ というその時の衝撃は、今でもカラダとココロの研究を続けていくモチベーションになっています。

「カラダのここを治す！」と施術者がプランを立てて行うのではなく、そもそもカラダが持っている治ろうとする力に任せると、施術が進むとともに、カラダはその時ちょうどよく癒やせるものを順番に見せてくれます。

またその癒やしの進み方もクライアントの体力の負担にならない「ちょうどよい」分量だけ変化します。

クラニオセイクラルは、現代人がストレスを抱えている神経系に重点的にアプローチできるため、とてもやさしくて効果のあるセラピーだと私は考えています。

パート4で改めて触れますが、私が新たに取り入れているトラウマ療法もまた、神経系に働きかけることによってその人を全体的に楽にしていくセラピーです。

どちらの場合も、クライアントの訴えや施術者の診断を元に、特定の問題、たとえば「膝が痛い」「頭が重い」といったことに働きかけるというアプローチはあまりしません(もちろん、それが楽になったらいいなあという意図ぐらいは持っていますが)。

「膝が痛いなら、膝の関節をよくしましょう」、「気になり続けているストレスがあるなら、その話をカウンセリングで解消しましょう」という方法ではないということです。

カラダ全体の中でそれを調整するシステムが十分に働けていないか、その調整を進めるのにエネルギー不足になっていると考えて、そこを少し助けるだけです(これがこの前の項目で言っている〝部屋を広げてあげる〟ことに近いですね)。

細かく言えば施術の際はもっといろいろなポイントを見ていますが、この本でお伝えしていることと同じく「システム」をよく見ています。

「神経系のシステム」が落ち着く。
←
その結果カラダの緊張が落ち着き、自己調整が働くようになる。
←
ココロを含めた全身のバランスが整う。
←
バランスが崩れていたために生じていた、不具合が取り除かれる。
←
カラダもココロも、今のその人のちょうどいいところに落ち着く。

こんなプロセスを見守ってサポートしています。

細かい筋肉や関節や臓器にアプローチする時も、その背後にある「神経システム」のことをチェックしながら進めています。

私の先生は、

「クライアントの方が泣いたり怒ったりしても、それを「悲しみ」「怒り」として見ずにすべて生理学的な情報に置き換えて見る」と言っていました。

たとえば「怒っている」とは見ずに「ああ、この方は今神経がものすごく活性していて、それがこれくらい持続していて、頬のこの筋肉がこの方向にけいれんしているんだなあ」などという感じです。

はじめてこの話を聞いた時は「なんてマッド(サイエンティスト的)な!」と若干、引いたのですが、今ではすっかり私もすべての人は「神経系が服を着て歩いている」姿に見えるようになってしまいました(笑)。

決して冷淡なのではなく、施術者の余計な解釈や思い込みが入り込まず、その方の力を最大限に活かす、一番思いやりのある見方なのだと今は思っています。

こんなふうに日々私も、「カラダが自分で調整してくれる仕組み」にゆだねて施術を進めています。感情も「下手にいじらずに、カラダが片付けてくれるシステムを使ったほうがよい」と確信を持って言えるのは、こんな施術での経験が元になっています。

カラダは響き合う。だからリラックスが大事

実はある実験の結果、神経系のバランス（緊張感・活性度）は近くにいる人と響き合って影響を与え合っていることがわかっています。

つまり自分の神経系を穏やかにしてリラックスすることは、自分の感情を片付けるだけではなく、周囲の人の感情を片付けるのにも役立つということです！

ですから私はまず施術をする時に、自分の神経系を穏やかにすることからはじめます。

リラックスして、呼吸を穏やかに、視界も広げて、

〝今ここ、そして自分自身ときちんとつながっている〟

そんな状態からスタートすると、クライアントのカラダに、「問題」や「気にな

ていねいに見守っていると、つながりが自然に戻ってきます。

るところ」「治すべきところ」ではなく、「より多くの可能性を発揮したがっている場所」がぼんやりと浮かび上がってきます。

ピコン！　とそこにサインが点滅するような感じです。

自分を落ち着けたままその場所についていくと、過活性になっていたり緊張して固まっていた場所が、リラックスしたより楽なあり方に、その方自身の神経システムの力で静かなところへ降りていくのです。

こうして穏やかな状態に整っていくと、カラダの中が〝つながって〟きます。

つながりが戻ってくれば、あとはますますそのシステムの力に任せておけばいいだけ。

いい感じになりはじめるところを見届けたら、

あまり長く関わりすぎないように気をつけて、ちょうどいいところでセッションを終わりにします。

頭で考えるよりカラダで感じる

ちょっと話が難しく感じられた方もいらっしゃるかもしれませんが、

「神経系を落ち着けて、システムに任せていくことってとっても簡単でとってもいいんだ！」

ということだけを頭においていただいて、感情の話に戻りますね。

感情に巻き込まれている時は、それ自体が苦しいだけでなく、もう一つの大きなデメリットがあります。それは、

強い感情に巻き込まれてしまうと、ココロがその一色に染まってしまいます。

「自分を感じられなくなる」こと。

悲しくてクヨクヨしている時は、ずっと「悲しみ」に自分のココロ全部を占められてしまいます。そうすると私たちはものの見方のバランスを失ってしまい、この感情以外何も目に入らない！　という状態になってしまいます。

これでは、「悲しんでいる自分に気付いて眺める＝感情との距離をとって巻き込まれないようにする」なんて、できっこありませんよね。

大きく分けて私たちには「頭で考える」モードと「カラダで感じる」モードがあります。

「何が正しい？　リクツに合っている？」と考えるのは、頭の仕事。

頭で考えることはつい
情報に流されがち。

「私にとって心地よいことって何だろう?」と感じるのが、カラダの仕事です。

頭で考えることは、合理的に見えても意外にバカ。たくさんの情報に刺激されるとつい、それに引きずられてしまうのが頭です。

テレビショッピングや通販のカタログをぼんやり見ているうちに、なぜか必要のないものまで買ってしまった! ということはありませんか? 自分の考えで行動したと思っていたことが、後で思うとそれほど自分の考えではなく、単に「みんながそうしているから」だった、ということもあります。

それに比べるとカラダはずっと賢く、〝あなたにとっての〟真実を教えてくれます。〝カラダからの声〞とよく聞きますよね。感動した時は、胸がキュッと熱くなる感じがします。気が進まない時は、カラダが重い感じがします。ワクワクするとか、なんとなく違う気がするとか、なぜか行きたくなる、会いたくなるとか。意味もなくやってみたくなる気持ちは、考えることからではなくカラダの感覚として「感じて」います。

でもなぜか私たちは、この〝カラダからの声〞に耳を傾けるのが苦手です。「感じる」ことよりは「考える」ことをよしとされ、私たちは小さい頃から「間違えないようにうまくやっていく」方法を、たくさん学びます。それはもちろん、悪いことではありません。でもいつも「自分以外の、外の世界（他人や情報）とうまくやっていく」ことばかり考えていると、自分が今ここで何を感じているかを、おろそかにするようになってしまうのです。

あなたらしい、オリジナルの幸せ感や満足感、安心感は、「頭で考える」のではなく「カラダで感じる」世界にしかありません。

頭で考えてすべての答えを出そうとする前に、自分のカラダにも問いかけてみてください。「私のカラダは今、何を感じている？」と。その答えをすくい上げる回数を重ねることで、「カラダで感じる」ことを取り戻し、その感覚を信頼できるようになってきます。

そして、幸せも安心も、理解するものでなく「感じる」もの。〝これとこれとこれがあったら安心なはず、幸せなはず〟と思って頑張り続けても、その結果本当にそうなったかは、カラダにやってきている「安心感」や「幸せ感」を「感じる」ことができるかによります。

幸せとは「感じる力」の問題なのです。

この力がなければ、完璧にすべてを手に入れても、安心も幸せもやって来ません。逆に言うと、「感じる力」を育てることは、小さなことに豊かさを見つけ出すことができる、あなたらしく幸せな人生への最短ルートなのです。

〝生きている〟感覚は姿勢に現れる

「今あなたはどんな姿勢ですか？」

こう聞かれるとつい「はっ！」と姿勢を正す方が多いのではないでしょうか。

でも油断してる時の姿勢には、あなたのココロとカラダのくせが現れています。

「カラダのくせはわかるけど、ココロのくせ？」と思われる方も多いかもしれませんね。くせというよりは、無意識に持っている思い込み。

実は姿勢には「生きているって、こういう感じ」という、ベーシックな感覚が刻まれているのです。

「生きているってとても大変なことだ、常に頑張っていなければいけない」と思っていると、ギュっと肩を持ち上げて、まさに「重荷を持っている」ような感覚を常に感じています。

自信がない人は傷つかないようにハートを守るために、胸を縮めて肩をすくめていたりしますし、「戦って勝ち残ってこそ人生だ！」と思っている人は、自信をアピールするために全身に力が入っていたりします。

私たちの姿勢には、人生に対する姿勢が現れています。

エ〜と
やったるでぇ
自信のない人
自信がありすぎて気負っている人

逆に、「生きてるって、そんなに大変じゃないよね〜、なんとかなるでしょ〜」と思っている人は、全身がリラックスして、動きもゆったりしています。

言葉では言わなくても、カラダはココロの状態を物語っているのです。

感情がこじれている時のカラダを落ち着けてあげると、感情が片付いていきます。そして、リラックスして自然な姿勢が取り戻せると、ゆったりした自然な姿勢で、人生を過ごせるようになります。

そこで私が講座などで日頃からお伝えしているのが「肺の大きさを感じる」エクササイズです（パート3の114ページで説明します）。

施術で楽になっても、普段の生活での「いつもの姿勢」が疲れの原因になっている方が多いことに気付き、いろいろな方法を試した結果、一番効果があったのがこの姿勢のエクササイズでした。

まずは「呼吸ってこんなに楽にできるんだ！」ということをカラダに覚えてもらうと、今まで無自覚にとっていたきゅうくつな姿勢をしなくなります。

ところが「よい呼吸」をしようとすると、たいてい必要以上に力んでしまいます。「正しい」ことを追求すると、自動的に「間違ったらいけない！」という緊張が起こるからですね。こんな時は「ただ正確な事実を知る」ことが一番効果的です。

呼吸が浅くなってしまう原因の一つには、自分のカラダのイメージを勘違いしていることがあります。ＰＣ作業などで、腕や肩を前にギュッとすぼめた状態で固めるのがくせになっていて、

○肩関節が本来ある位置より前だと思っている。
○肩（肩甲骨）をグッと持ちあげた感覚が通常で、それをゆるめられない。
○肺の大きさを、実際の大きさよりもずっと小さく感じている。

という方がとても多いのです。

カラダの構造を勘違いしている方には、本来の肺の大きさを知っていただくことが一番。呼吸が深くなり、姿勢が楽な位置に修正されます。呼吸によって神経が落ち着く感じに慣れ、「心地よい感じ」が普通になってきたらしめたもの！わざわざ苦しい姿勢を、くせでしてしまうことがなくなってきます。

これはほんの一例ですが、他にもさまざまな「エクササイズ」で〝カラダを落ち着かせる方法〟を紹介しているのが、パート3です。

「無意識に緊張しているのが通常モード」から「いつもリラックスして楽ちん」な状態に変わっていくと、神経系が落ち着いてきて、感情を片付けやすいカラダに育っていきます。即効系、日常系、人生系の3パターンに分けて手順を詳しく説明していますのでお楽しみに。

カラダは健康になる方へ向かっている

私自身、施術を進める時の足場となっているのは、クライアントのみなさんの「生命力」です。どんな状態や症状を持っていらしても、どの方の中にもそれを「健康」の方に向かって動かそうとしている力があります。

生きて生活をして、内側でも外側でも、常にいろいろなことが起こっている私たちのカラダ。それをせっせと修復して、いきいきと保ち続けるために、60兆個の細胞が総力を上げて私たちを「生かしている」その力は、本当にすごいのです。

どんな状態の方の中にも、それは確実にあります。

元気な日も、不調な日も、喜びの日も悲しみの日も、私たちを内側から支え続けている力です。

私もいろいろな施術の方法を試しましたが、「今不調が起きている場所」に注目するのではなく、それを癒やそうとしているその生命力自体をよく見て、ついていくことが、結果的に一番よい変化が確実に起こる方法でした。

私の敬愛する「身がまま整体」の片山洋次郎(注1)さんの言葉に、「健康は希望である」というのがあります。

『Q健康って？』(よしもとばなな著、幻冬舎文庫)によせた解説なのですが、その一節はこうです。

「生き物は常にゆらぎ変化しつづけることで自ら生き生きします。病気も健康に生きることの一部です。医学的に見れば病気が進行していても、充分に生きている身体には、静かな希望＝次への動きがある。希望＝健康です。(中略)

自分を信じること。思い切り生きること。生き物としての自分に立ち戻ること。

究極これだけですね。」

カラダを見ていると、自分の中に「信じられるもの」「ゆだねられるもの」が見つかります。すると「なんだかよくわからないけれど、すべて大丈夫なのだ」という気がしてくるものです(笑)。

私自身、自分の「大丈夫」がベースにあると、セッションの時にクライアントの方の中にも「大丈夫」だという感覚が見つけられます。それはもう「大丈夫なのだと信じる」というより「大丈夫というただの事実」です。

静かだけれど健全で力があって、必ず明るい方に向かっていくその力を見続けられる施術の時間が私は大好きです。

(注1) 1950年生まれ。野口整体の思想に触発されながら独自の整体法をつくりあげ、「身がまま整体 気響会」主宰として指導を行っている

わざわざ不快感を探していませんか?

あなたの周りには、いつもポジティブな人、いつもネガティブな人、どちらが多いでしょうか?

私たちは常に「もっと」「よりよく」という、前のめりの気持ちでいることをよしとされがち。この焦り(これも神経の〝活性〟なのですが)があると、せっかく目の前の問題が解決しても、すぐ次の不満を見つけ出してしまうのです。

たとえば「今住んでいるところが、狭いし間取りも悪くて使いにくい」と、いつも文句を言っていた友人が、念願の引っ越しをしたとします。

あなたが「引っ越してよかったね! 前より広くなったんでしょ?」と聞くと、「うーん……でも日当たり悪いし、隣の物音が気になるんだよね」とまた、ゆううつそうな返事が戻ってきました。

この人は残念ながら、ネガティブタイプ。引っ越しで広くなった部屋の心地よさにとどまることができず、すぐに次の不満を見つけてしまいます。これでは、

”すでにあるポジティブなこと”に気が付くだけで、いろいろなことが楽になります。

なかなか満足がいく日はやってきそうにありません。

それに対して、幸せになるのが得意なポジティブタイプは、同じ状況にあっても、「ちょっと狭くて間取りも使いやすいとはいえないけど」「でも日当たりがよくてあったかいの！」と、ちょっとでも自分にとってポジティブなことの方に気付いて、その心地よさにとどまることができる人です。これはムリに「ポジティブにポジティブに！　全部ツイてる！」というポジティブシンキングとはまったく違います。すでにそこにあるポジティブに、気付いてあげるだけ。だからこそ、落ち着いていられるのです。

ポジティブな人かネガティブな人か、どちら

のタイプになるかを決める要因には、二つあります。それは、

一つ目は「心地よさに〝気付く〟能力」。
二つ目は「心地よさに〝とどまる〟能力」。

実はこうしたの能力を失っている人が、意外と多いのです。

白か黒かだけで物事を判断しようとすると、人生は緊張の連続になります。なぜなら人生はその間の「グレー」である事柄が、圧倒的に多いから。真っ白がゴール！　と常にここではないどこかに向かい続けるより、グレーの中に心地よくとどまれるようになったら、人生はとてつもなく楽になります。

そういう私も、いつも「心地よさの中にとどまって」いられるわけではありません(笑)。施術を受けたおかげで、なんとなくあった肩の不快感はとれたのに、延々と施術を続けてしまったことがありました。

「うーん、肩は気にならなくなったけど、膝に何か違和感がある」↓(膝を楽にしてもらって)「膝はいいけど、どうも胃にも重い感じがあったみたい」↓(胃

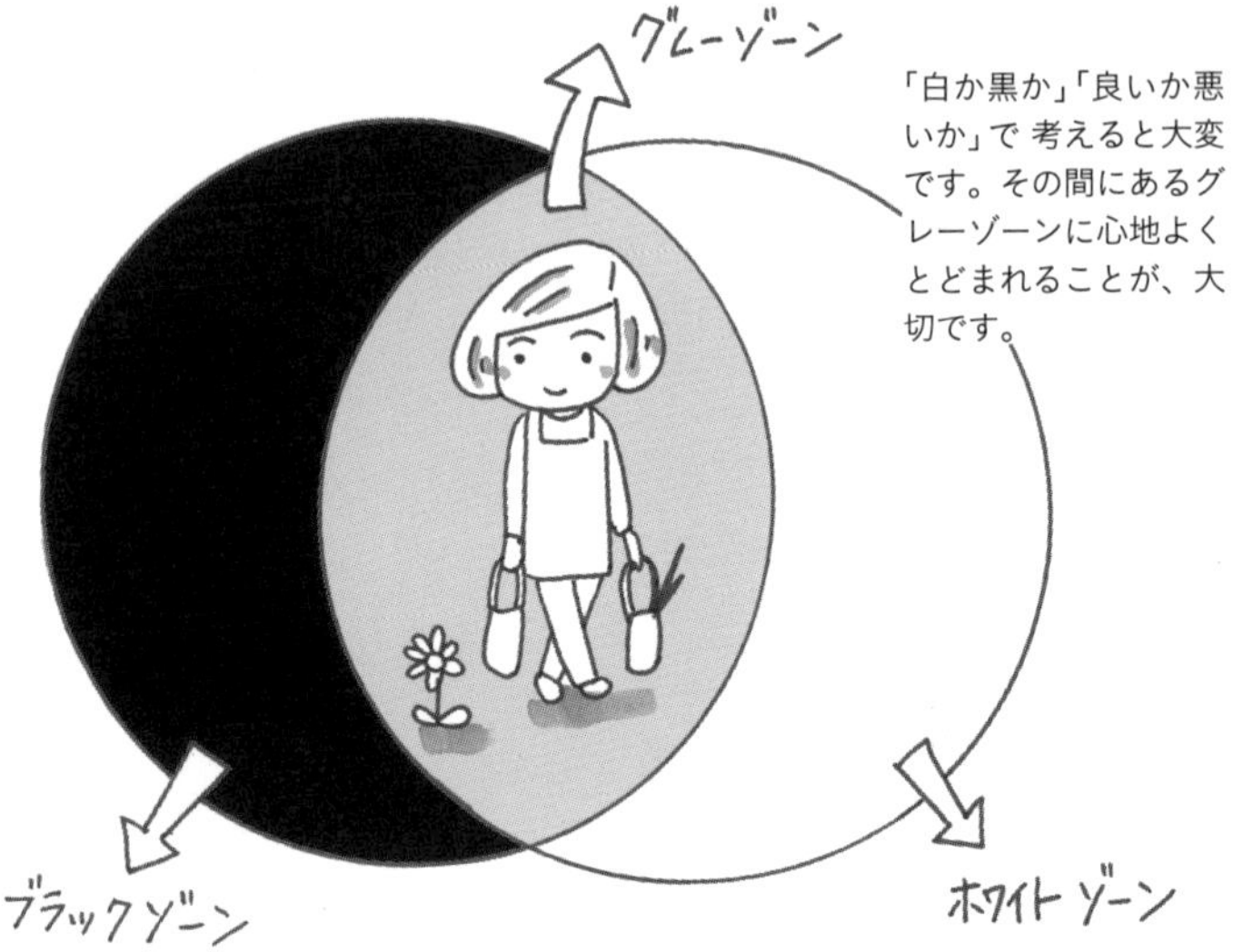

「白か黒か」「良いか悪いか」で 考えると大変です。その間にあるグレーゾーンに心地よくとどまれることが、大切です。

の辺りを楽にしてもらって)……。

となったところでふと、

「これはネガティブの罠だ！(心地よさにとどまれていない、私！)」

と気付きました。

そこでカラダの不快感を探す前に、楽になった肩や膝の感覚をていねいに感じるようにしたのです。

すると「施術を受ける前にあった肩の違和感が消えて、今は暖かい感じにゆるんでいる」「膝がもっと突っ張った感じがあったのに、今は軽くなって動きがなめらかだ」と、次の不快感がやってこなくなりました。

もしかしたらこの本を読んでいるあなたも、わざわざ不快感を探してはいないでしょうか？

人は、自分が「注目」したものを「リアル」に感じます。快と不快がまぜこぜに両方ある中で、苦しい感覚の方ばかり注目して拾っていくと「不快」だけが「リアル」になってきます。

わざわざ、苦しい方へ行こうとする前に、

〝今・ここ〟にある心地よさを一つでも見つける
（狭くて荷物だらけだった部屋で、居心地いいスペースをちょっと見つける）
←
少し心地よさが感じられたところで、ホッとひと息つく
（部屋に居心地よいスペースがあることに気付く）
←
さっきより少し違う選択ができたり、少し違う気持ちが湧いてくる
（部屋の荷物が片付きはじめる）
←
その感覚にとどまりながら、さらにカラダの心地よいところを見つける
（部屋全体のスペースが広がり、感情という荷物が気にならなくなってくる）

部屋の片付けも、ココロの片付けも、大事なのは心地よさに気付くことです。

「感情を片付ける」とは、この連続です。感情が一気に片付かない！　とあきらめるのではなくて、この「少し」の心地よさに気付いていてとどまれると、感情の片付けがどんどん上手になってきます。

“デフラグ”すると、片付け効率アップ！

あなたは、こんな経験はありませんか？

○会社で緊急トラブル発生！　大騒ぎしてひと段落したら、お腹が空いていたことに気付いた。
○大きな悩みごとで頭がいっぱいだったのに、解決したら優しい気持ちやリラックスした気分が戻ってきた。

これは感情が片付いて居心地よいスペースが増えたことで、「感じる」ことに使えるスペースが戻ってきたということです。

部屋に散らかった本（感情）を本棚にしまう（デフラグする）ことでココロを軽くします。

「デフラグ」という言葉をご存知でしょうか？コンピュータ用語の一つなのですが、ＰＣで作業を続けていると、そのハードディスクには作業の残骸のようなものが残っていき、徐々に動作が鈍くなっていきます。

いわゆる「最近、ＰＣの動きが重い！」というやつですね。ちょっと専門的な言葉でいうと、ＰＣの内部では「情報の断片化」ということが起こっています。

この断片化した部分を、ざざっとまとめて片隅に寄せる処理がデフラグです。この処理をしてあげるとハードディスクにスペースができて、ＰＣがまた軽快な動きを取り戻します。

感情片付けとはまさに、ココロのデフラグです。

感情に巻き込まれてココロがとっちらかったり、その間にためこんだ感情の断片がココロの中に散らばっていると、「ココロの動き」がもっさりと重たくなってきます。でも、本格的に片付けるのは余力がある時に！　そもそも余力がないからこそ散らかってしまうわけなので、まず今ある力でできることをします。

まず、片付かないものをそっと隅に寄せる。そこでできたスペースでひと息ついたら、見える景色が変わってきます。

では散らばったものが片付いた時に、どんな感じがするかをちょっと実験してみましょう。

デフラグのワークをやってみよう！

自分がPCになったつもりで、「散らかったものを片付けると、スペースが空く」「自分のココロの動作が軽くなる」ことを体感してみましょう。

手順

❶ 今頭の中にある「気になっていることリスト」を作ってみてください。

（例）プリンターのインクを買う、友人の結婚式の招待状に返事を書く、飲み会の会場を予約する、リビングの棚の中を片付ける、夫との口論の後始末など

❷ その重要度を5段階で評価してください。一番重要なことは5です。

❸ さらに、あなたのココロの圧迫度も5段階で評価してください。ささいなことでも、ココロにものすごく引っかかっているなら5です。

❹ アクションの欄に、その件をどうするかを決めて書き入れてください。

（例）来週の火曜日にまとまった時間をとる、今は考えないことにする、代わりにやってくれる人を今週中に探すなど

どうでしょうか？

書いているうちに「ちょっとスッキリした」「ちょっと落ち着いた」感じが味われば、大成功です。それがスペースができたということです。

デフラグのワークシート

トピック	重要度	圧迫度	アクション

「トピック」：今、気になっていること　やらなければいけないなと思っていること
「重要度」：その重要度を５段階評価
「圧迫度」：そのココロの圧迫度を５段階評価
「アクション」：具体的な行動

このワークのミソは、重要度とココロの圧迫度という、二つの見方で評価することです。やればすぐできることでも、いつも気になっていれば、そこに占有されるココロのスペースは大きくなります。

それを「何が」「どのくらい」スペースをとっているか書き出し、とりあえずの解決を与える（片付かないものをそっと隅に寄せる）ことで、ココロのデフラグができるのです。

スペースができると「物事や世界の感じ方（知覚）」が変わります。そうして気持ちが落ち着いてスペースが広がると、視野が広がりもっと自分らしい選択ができるようになりますよ。

たとえ対処法が見つからなくても、書き出しただけで放置するのでも十分！

とりあえずの解決をまず出すことが、これ以上、感情に巻き込まれないコツです。

column 2

ココロとカラダの損益分岐点

本書では、感情を癒やしたり分析したりせずに、片付けていくことをお伝えしていますが、もちろんそれらの方法を否定するものではありません。私もひと通りヒーリングや自己啓発、各種セラピーを試しましたし、ひと頃はかなり熱心に海外のセミナーに通ったりしていた時代もあります。

その結果、感じたことは、

〝学びの最初の頃ほど、よく効くこと〟

です。

新しい視点を得ると、今までとはまったく違った世界が見え、これまでとらわれていたものから解放され自由になります。「私本当はこんなことを思っていたんだ！」「こんなふうにとらわれていたんだ！」「こんな風にもなれるんだ！」と。

成果も大事だけれど、コストとのバランスにも要注意！

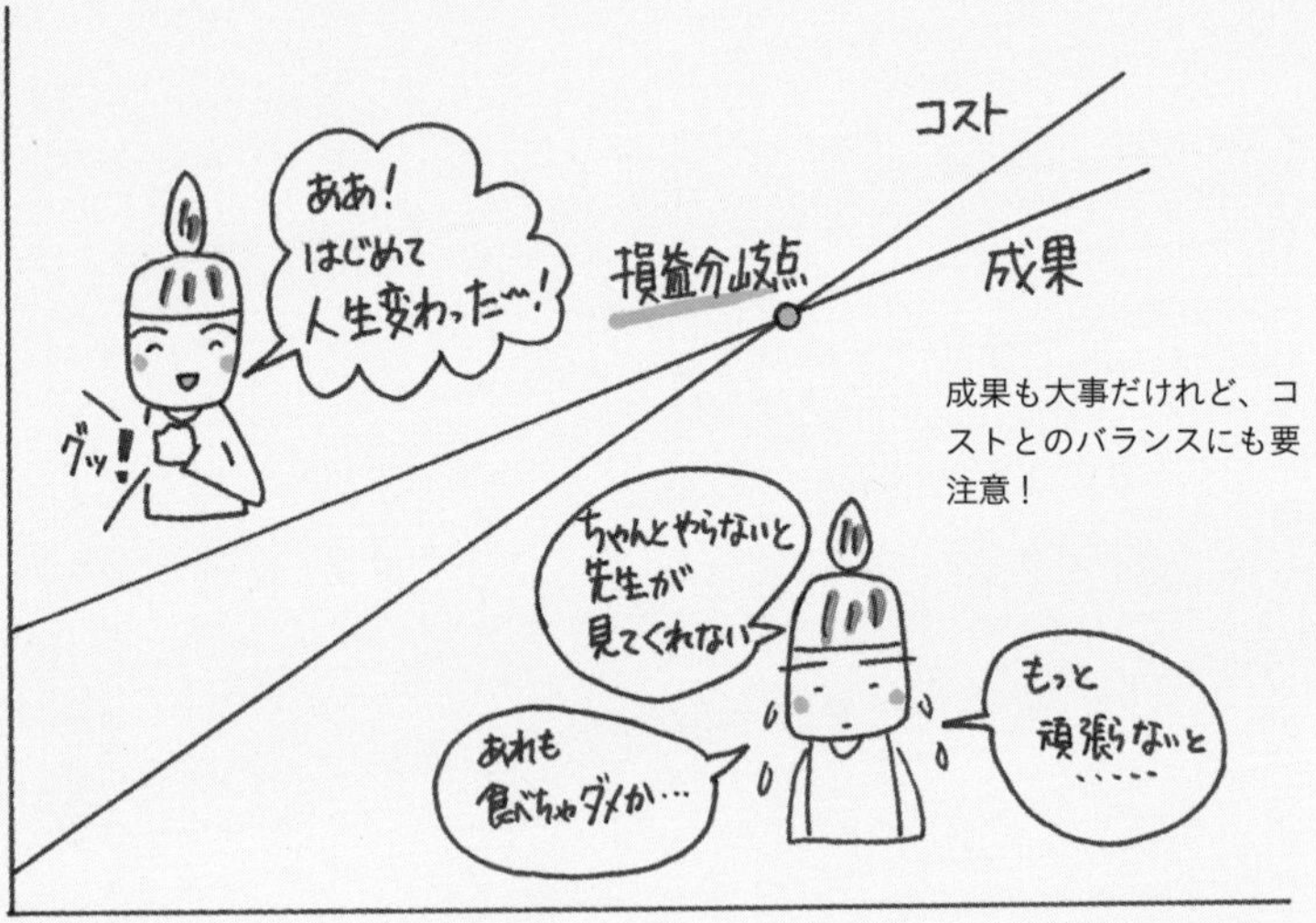

ところが習った理論や技法ではすべてを解決できず、なんだかおかしい……となった時に、自分の中に"ブロック"があるせい」

「うまくいかないのはまだ、自分の中に"ブロック"があるせい」

「いらだつのは、"癒やし"が足りないから」

「こんなことを思う自分はダメ、もっと"統合"しなきゃ！」

などと思うようになったら、それは「損益分岐点」を越えている（！）かもしれません。

学びはじめた最初の頃は「成果」が出やすく、変化がどんどん起こってきます。でも自由になることの快感がくせになって、そこでもまた「完璧」を目指してしまうと、今度は逆に不自由さが増えたり、それを続けることへの「コスト」の方が増えてきま

す。

学んでいるコミュニティが居場所になって、いつしか他の世界が見えなくなってしまうこともコストですし、そこでの正解だけを絶対と信じて他の世界を排除してしまうのもまた、コスト。

この「成果」と「コスト」のバランスが分岐するポイントが、「損益分岐点」です。成果が出て自由になる分よりも、続けることで生まれる不自由の方が大きくなりはじめるポイントです。

食事療法や健康法などについても、同じことが言えるのではないでしょうか。

食事制限をして最初の頃こそ調子がよくなったけれど、段々と少しでもカラダに悪いものに敏感になり、〝もしかしてこれも毒!?〟と神経質になり、外食や友達との食事がしにくくなってしまい、

知らないうちに損益分岐点を越えてしまい、楽しかったことがストレスの原因になっていることもあります。

「なんだかこれって本当に健康なのだろうか⁉」
「何でも食べていたあの頃のほうが、幸せだった気がする」

そんなふうに思いはじめたら、おそらく「損益分岐点」を超えています。

ココロもカラダも、最初は自由や健やかさが欲しくてはじめたはずです。
でもルールを守ることにこだわりすぎて、逆に自由と健やかさから遠ざかりはじめたら要注意。自分を向上させたり、豊かにしようとする時ほど、この損益分岐点に注意してみてください。

自分にとってちょうどよいバランスを探す感覚を、大事にしてくださいね。

3

いますぐできる！
システム感情片付け術

システム感情片付け術を実践しよう！

さて、ここまでで

感情は頭でどうにかしようとすると、簡単に巻き込まれてしまう。
感情を片付けるには頭ではなくカラダが入り口。

ということが見えてきました。

いよいよこのパート3では、「じゃあ、どうすればいいの？」という大事な部分、具体的にカラダを使って感情を片付けるエクササイズをご紹介しましょう。

その前に、感情がこじれている時のカラダがどんな感じか、みなさんは自覚がありますか？

たぶん、「息が詰まる」「頭が痛い」「肩がこる」「胸が苦しい」「眉間にしわが寄る」といったお返事が返ってくるでしょう。そのどれもに共通するのが、

「キュッと緊張」、「浅い呼吸」、「視野が狭い」が感情がこじれている時の目安。

○カラダがキュッと緊張している。
○呼吸が浅くなっている。
○視野が狭くなっている。

ということ。

逆に言えばこの三つをカラダの方から解消していけば、感情の方も自然と片付けることができるのです。

そのために一番簡単なアプローチが、

〝呼吸〟です。

よく知られているように、深い呼吸はそれだけで自然に感情を落ち着かせる作用があります。パート2に登場した過活性状態の神経系を落ち着かせてくれるわけですね。

ところが「呼吸をしよう！」と意識して頑張ってしまうと逆効果。みなさんの中にも緊張する場面で、「深呼吸、深呼吸！」と意識したら、かえって緊張が高まってしまった人もいるのではないでしょうか？

大事なのはあくまでも自然な呼吸なのですが、これが意外に難しいものです！

そこでこれから紹介するエクササイズのポイントは、呼吸以外の何かに〝意識を向ける〟ことです。

この時大事なのは、あまり生真面目に頑張らずに、

「なんとなくそのあたりの感覚を眺める」

感覚で、

〝ふわり〟と意識を向ける。

くらいにしておくのがポイントです。

足が着いている床の感覚や、椅子がおしりを支えてくれている感覚を、半ば

〝ぼーっ〟と眺めているくらいがちょうどいいです。呼吸のことを忘れていても、カラダ全体がゆったりしたモードに入っていき、自然にカラダがあなた本来の深い呼吸を取り戻すことができるのです。

ポイントは「感覚を味わうこと」。

「感覚を味わう……？難しそう」と感じる方もいらっしゃるかもしれませんが、感覚は頭で理解できないのでそう感じても当然です(笑)。でもやってみるととても簡単。

たとえば、赤ちゃんや猫を抱っこして、

「かわいい〜♡」

となっている時や、お風呂に入って、

「うーん……、あったか〜い」

となっている時に、

「このふわふわしているという感覚は……合っているかな？」とか、

「この温かいという感覚はもしかして勘違いかもしれない！」なんて思いませんよね。

ただそうした感覚が、カラダにやってくるままにしているだけ。

その感覚についてあれこれ考えたり、生真面目に追求せずに、ただ感じるままにさせておくのがポイントです。

たとえば呼吸をしながら腕を動かすエクササイズでは、お風呂の温かさを感じるようなやわらかい感覚のまま、動かしている腕の感覚に意識を向けておきます。

「腕を上げると脇の下が伸びてくるな」
「この角度だと腕が重いな」
「腕を下げると一緒にさーっと血が流れてくる」

と、今その瞬間に自分のカラダに起きていることに〝やわらかく〟意識が向かいます。

あまり集中しすぎると、かえって緊張したり、それについて考えたりしはじめますから、〝やわらかく〟ぐらいがちょうどいいのです。

なんとなーく、全体を眺める感じ。

そうすることで余計な力みが生まれず、自然にカラダがあなた本来の深い呼吸を取り戻すことができるのです。

即効、日常、人生、三つの場面で使えるエクササイズ！

さあ、いよいよエクササイズです！ ここでは、私が実際に施術やクラスで紹介しているものを(そして私も使っています)、

即効系「今感情に巻き込まれている!」と気が付いた時に行うもの。

日常系日常の中で行うもの。

人生系ライフスタイルの中で行うもの。

の三つに分けてご紹介します。

あえてこの三つに分けたのは、感情は私たちが生きている限り、一生をかけて付き合っていくものだからです。ですから即効系(短期)、日常系(中期)、人生系(長期)の三つの場面に分けることで、トータルに自分の感情を片付けて、感情そのものと楽しく上手に付き合えるようになればと思います。

またエクササイズはどれも方法こそ違いますが、カラダを通して神経系の過活性や緊張を穏やかにリラックスさせてあげる効果があることに変わりはありません。

実際に試しているうちに、自分に合った方法がわかってくることでしょう。理想は自分オリジナルの片付け方のパターン、〝マイルーチン〟を見つけることです。
それではまず、今すぐ役に立つ即効系からご紹介していきましょう。

即効系エクササイズ

即効系のポイントはどこでもできて、効果が素早く現れることです。家事や仕事などでトラブルを抱えて自分がイライラしていたり、ごちゃごちゃした感情で頭がいっぱいになった時にすぐにできるものを集めてみました。

どれも最初はゆっくり行って、感覚をしっかり身につける必要がありますが、コツを掴めばちょっと意識を向けるだけで効果が現れるようになり、一瞬で感情がスッと楽になります。

即効系

サポートを感じる

1
椅子に座って、両足を床に着けます。おしりが接している座面を感じて、そこへ意識をふわっと向けます。

2
今度は足の裏が着いている床の感覚を味わってみます。

　気持ちが高ぶっている時に大事なのは、あなたを支えてくれているものを見つけること。心の支えも大事ですが、もっと誰でも簡単に見つけられるのが、現実にあなたを支えてくれている〝モノ〟！

　たとえば今あなたが座っている椅子や足の下にある地面がそうです。

　改めて椅子や地面に意識を向けると、普段あまり気にすることのない椅子が意外に大きく、自分をしっかり支えていてくれることに気が付くでしょう。

　それに気が付いたら、おし

3 自分の後ろにある空間に背中を預けます。

りから上半身、足の裏が着いている地面（床）の感覚を味わいます。

　最後は背中に意識を向けます。椅子の背当てにもたれかかるのではなく、背中の後ろに広がっている空間を感じて、その空間が大きなふわっとしたクッションのように自分を支えてくれていて、そのクッションにほんの少し寄りかかる気持ちです。

　背中がゆるんで、呼吸が深くなっているはずです。

　慣れると支えを感じるだけでスッとココロが穏やかになり、感情が片付きます。

即効系

肺の大きさを感じる

1

手で鎖骨に触ってみましょう。この鎖骨のすぐ下にも肺があります。


みなさんは〝本当の肺の大きさ〟を知っていますか？

ほとんどの人は自分の肺を実際より小さくイメージしています。意外かもしれませんが、肺は鎖骨の下からお腹と胸の境界までが肺なんです。

面白いのはこの〝事実〟を知っただけで深い呼吸ができるということ。

本当の肺の大きさを思い出すだけで、無意識にしていた緊張が解けて呼吸が深くなり、感情が片付いていきます。

誰か協力してくれる人がいれば、お互いにこの肺の大きさを、触れて教え合ってあげ

2

両手で鎖骨に触り、そのまま静かに呼吸して鎖骨越しに呼吸と一緒に動く肺を感じます。

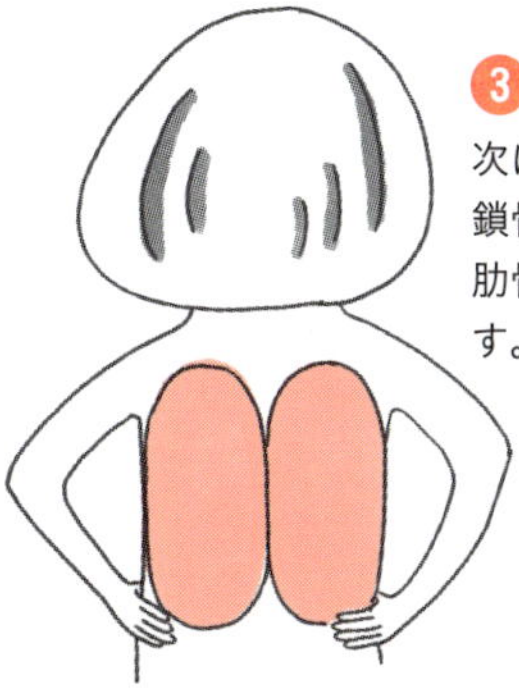

3

次に背中側を感じます。鎖骨の高さぐらいから肋骨の内側全体が肺です。

4

カラダの正面側、鎖骨から胸全体を触れながら肋骨の下まで触ります。最後にカラダの側面も触れて、全体が呼吸と一緒に動いていることを感じます。

お互いに触って場所を確認するのもお勧めです。

てもいいですね。特に背中側はなかなか意識しづらいので、しっかりと触って「こっちにも息が入っているよ～」と教え合ってください。肺の大きさがわかってくると、緊張やイライラしている時でも肺の大きさに意識を向けるだけでスッと呼吸が楽になって、感情が一瞬で片付きます。

即効系

ゆっくり動き呼吸

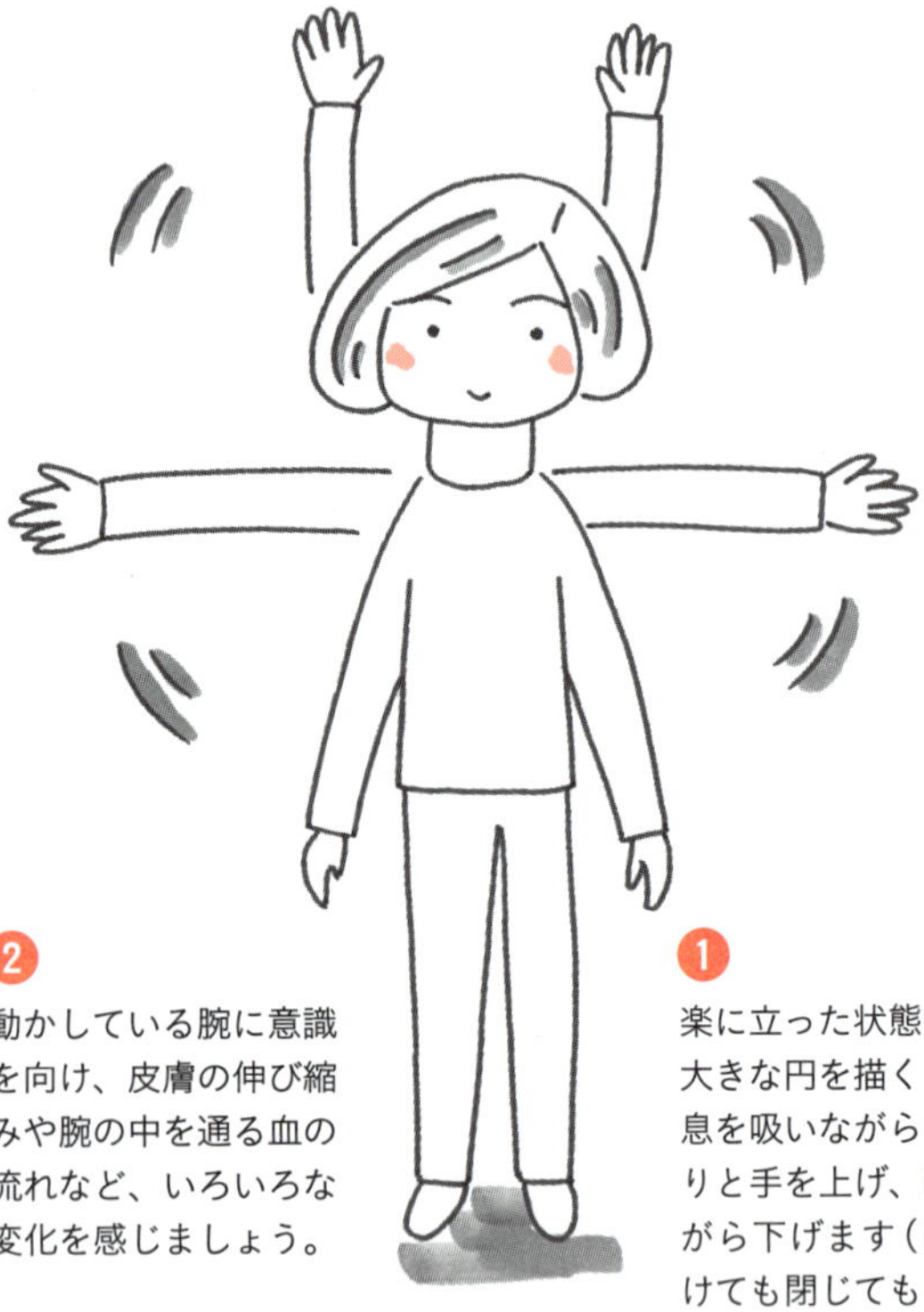

1
楽に立った状態から、大きな円を描くように、息を吸いながらゆっくりと手を上げ、吐きながら下げます（目は開けても閉じてもOK）。

2
動かしている腕に意識を向け、皮膚の伸び縮みや腕の中を通る血の流れなど、いろいろな変化を感じましょう。

私たちのカラダには「ゆっくり呼吸しながらゆっくり動くと、忙しく考えられない」という仕組みがあります。試しに人差し指をゆ〜っくり動かしながら数を数えてみてください。どうです？　数えるスピードと指の動きはシンクロするでしょう？

でも、ただ座ってゆっくり呼吸するだけだと、すぐに「やっぱりあれはあいつが悪い！」とか「ああ、あんなこと言わなければよかった……」といろいろなことを考えはじめてしまいます。

〝ゆっくり動いて……〟と、

感覚がわかってきたら、指先を回す小さな動きでも効果があります。呼吸をゆっくりするのも忘れないで！

自分の動きをコントロールすることで、神経の暴走も一緒に落ち着けることができるのです。

最初は腕を大きく上下させる動きを、数分から10分程度行い、静かな感じを味わいます。慣れたら指先や足先などの小さな動きでも行うことができます。

ポイントはゆっくり動かしてそこに起きる変化を感じること。

会議などの緊張する場面でもこっそりできます。

即効系

水平線を感じる

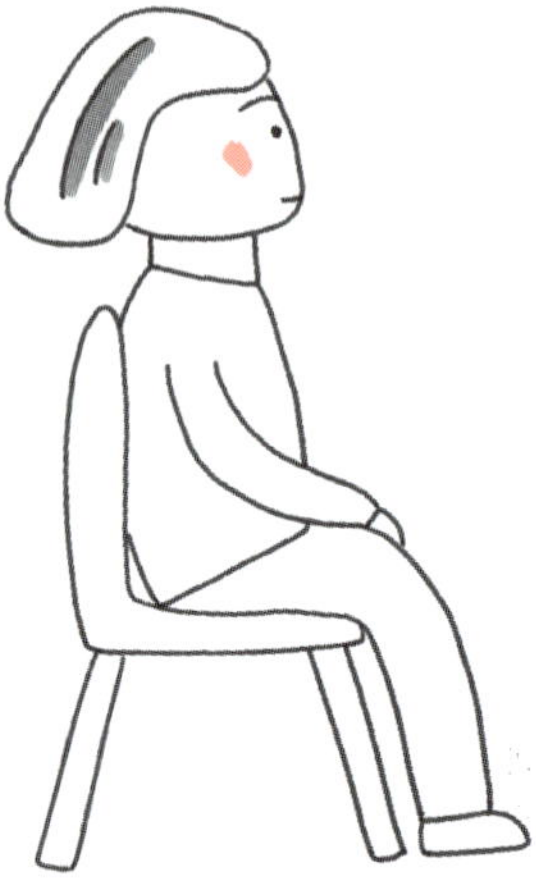

1

正面の遠くを、ぼーっと眺めます。この時目の前に壁や窓などがあっても、そのずっと向こうに広がっている水平線を眺めるようなつもりで、遠くを見ます。

2

目の前に見えている水平線が、左右にすーっと伸びて、視界いっぱいに広がるイメージで、自分の呼吸がゆったりと深くなっていくのを感じましょう。

光るものを見ながら頭を働かせ続けると、目と一緒にカラダが緊張。すると交感神経が高まり、感情のグルグルパワーが増してきます。

スマートフォンやPCは、私たちの神経を高止まりにする大きな原因です。

このエクササイズでは、緊張の入り口になっている目をゆるめることで、神経系全体を落ち着けて、感情を素早く片付けます。ポイントはイメージの水平線をぼーっと眺めていく感覚。慣れると水平線を意識するだけで気持ちはもちろん、姿勢も変わります。

3

自分が波打ち際にいるような気持ちになって、打ち寄せる波の音、潮の香り、頬をなでる風を感じます。

4

前だけではなく背中の後ろの方までずーっと砂浜が広がっているのを感じて、ゆったりとその広さを感じながら深呼吸しましょう。

即効系

瞬間気分転換法

1 イライラに気付いたら、そこにとどまるのはNGです。

2 今巻き込まれていることから、意識的に視点を切り替えます。

A

B

D

C

感情が高ぶって、何かで頭がゴチャゴチャの時は、目の前のことだけが世界のすべて。

　こんな時に大事なのは、ちょっと意識の向かい先を変えること。そのきっかけになるのが目からの情報です。

　あなたにとって美しい物や心地いいもの、興味をひかれるものを目で探すことが一番簡単な方法です。

　そうすることで視野が広くなり、「自分」に偏っていた感覚がニュートラルに戻り、こじれていた感情が片付きます。

　これはエクササイズというよりも、一瞬で世界の見え方を変える方法ですから、いつでもどこでもできるのがポイントです。

3

窓から見える風景や、カレンダー、観葉植物、机の上の写真……など、気持ちが惹かれるものをできるだけたくさん探して、それをよく見ましょう。

日常系エクササイズ

日常系のエクササイズは日々の生活の中にあるちょっとしたタイミング、朝起きた時や空き時間ができた時、休憩時間、お風呂タイム、寝る前など、その時々にお勧めのエクササイズです。慣れたら、「ゆっくり動き呼吸」と「瞬間気分転換法」をミックスするなど、組み合わせて使ってもいいですね。

先に紹介した即効系は慣れれば「あ、まずい！」というピンチの時にパッと使えて効果がありますが、こちらもう少し余裕がある時に行うイメージ。

感情のグルグルパワーに巻き込まれて部屋が本格的にゴチャゴチャになる前に片付けてしまおうというエクササイズです。

どれもちょっとした空き時間にできるものですので、ぜひ試してみてください。

また、最後にここまで紹介してきたエクササイズを組み合わせた、

感情片付け体操 1&2

も用意しましたので、ぜひ、こちらも試してみてください。

日常系

レーズン瞑想

1
まず手のひらにレーズンを一粒乗せてよく観察。質感や温度、重さなどを感じます。

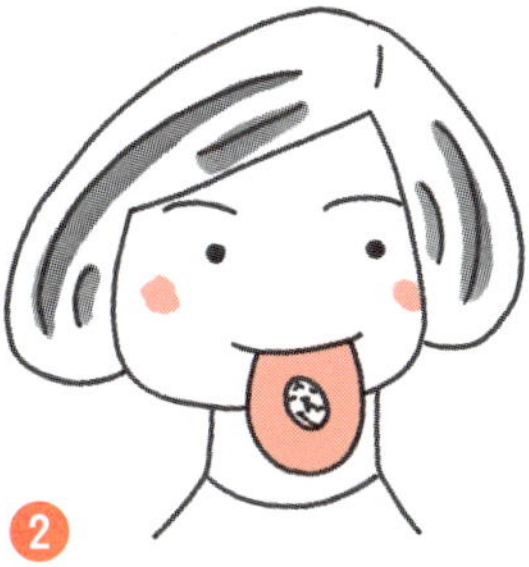

2
口の中で舌の上に置きます。レーズンがやわらかくなり、味が広がるのを感じます。

3
しばらく味わったらゆっくりと噛み、変化を観察。最後に飲み込み、余韻を味わいます。

ココロを静かにする、と言えば「瞑想」。でも、ある程度ココロが静かでないとできないのも瞑想です。

ここではレーズンを使って、すばやく、瞑想後のような落ち着いた静かな気持ちを作り出す方法を紹介します。

一粒のレーズンに5分ぐらいかけるつもりで行います。

※一口サイズのドライフルーツやナッツでもOKです

日常系

脇をゆるめる体操

1

ゆったりと立ち、両手を上げて上で組みます（手は上で返して、手のひらを天井に向ける）。

私たちの日常の動作は、パソコンで作業をしたり満員電車に乗ったり、カラダを固めることが多いですね。

特に脇の下からカラダの横側を固めてしまいがち。

ここをストレッチすることで肺の周りの柔軟性を取り戻すと、呼吸が深くなります。

無理に伸ばす必要はありません。「普段日陰の場所に光を当ててあげよう！」という気持ちでOKです。

視界も広がり、リラックスして気持ちが落ち着きます。空き時間を利用して試してみてください。

2

上体を左にゆったり、右の脇から肋骨を開くイメージで倒していきます。自然に止まったところで一呼吸。ゆっくり真ん中に戻って、右も同じように行います。

3

左右終わったらゆっくり真ん中に戻り両手を下ろします。この時に自然に「ふうーっ！」とため息が出たら大成功。

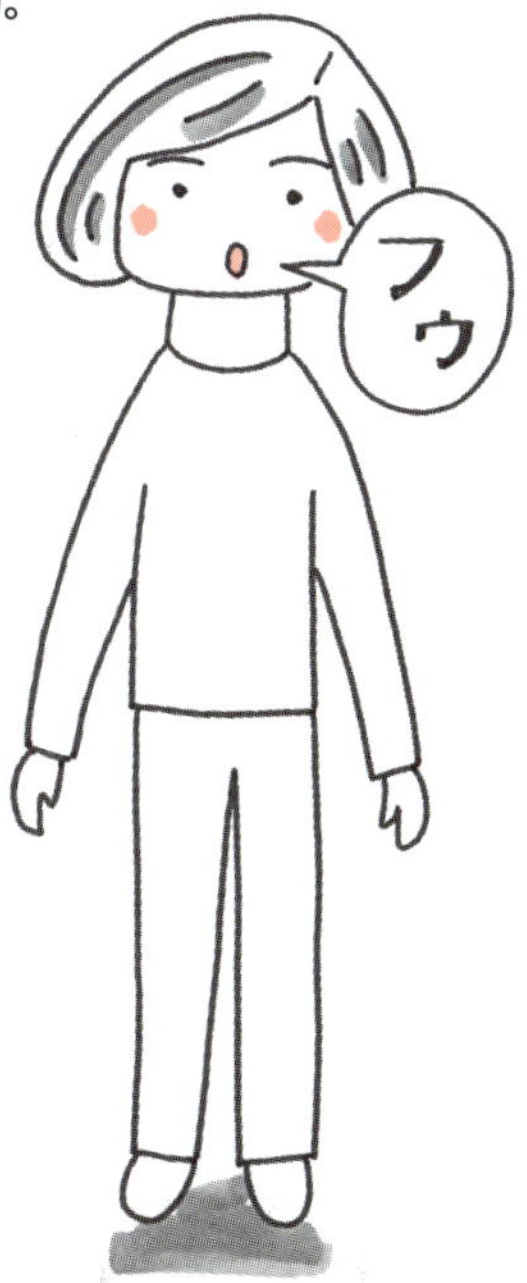

日常系

お風呂でプカプカ呼吸

1

胸までお湯に浸かってカラダの力を抜きます。湯船の中でゆらゆらと海藻のように、腕もダラーンと浮かせます。肺が膨らむのと一緒に、フワッと胸と首が伸びるのを感じます。

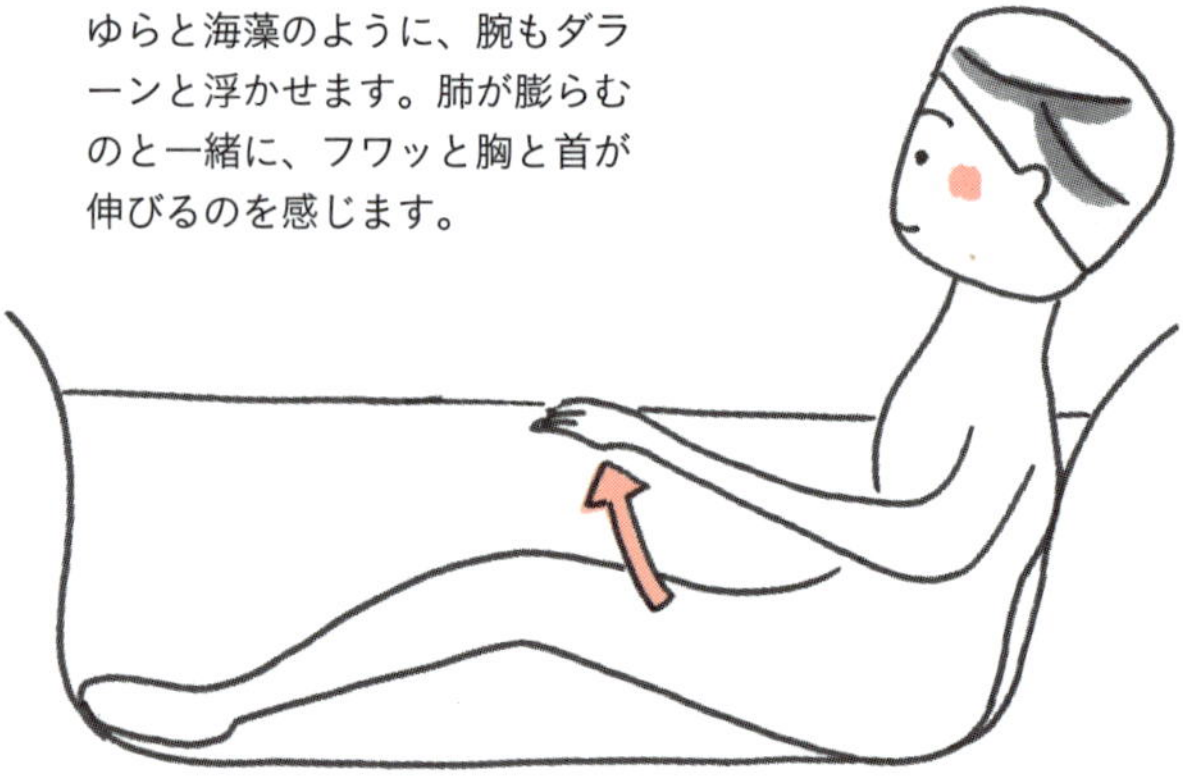

誰でもリラックスできるお風呂。このシチュエーションを使わない手はありません。やることは簡単、お風呂に浸かって呼吸するだけ。

ポイントは息を吸うたびに大きく膨らむ肺と、それと一緒に浮いてくるカラダを感じること。これは全身がうまく脱力していないと、浮いたり沈んだりがスムーズにいきません。

お湯の浮力や、温まることでのリラックスを使って、全身の無駄な緊張をほどいていきます。

2

息を吸い込むとカラダが浮き上がり、ゆっくりと吐くと沈みます。ゆったりした呼吸で繰り返します。目を閉じたり、電気を消してキャンドルを灯したりするとリラックス効果倍増です！

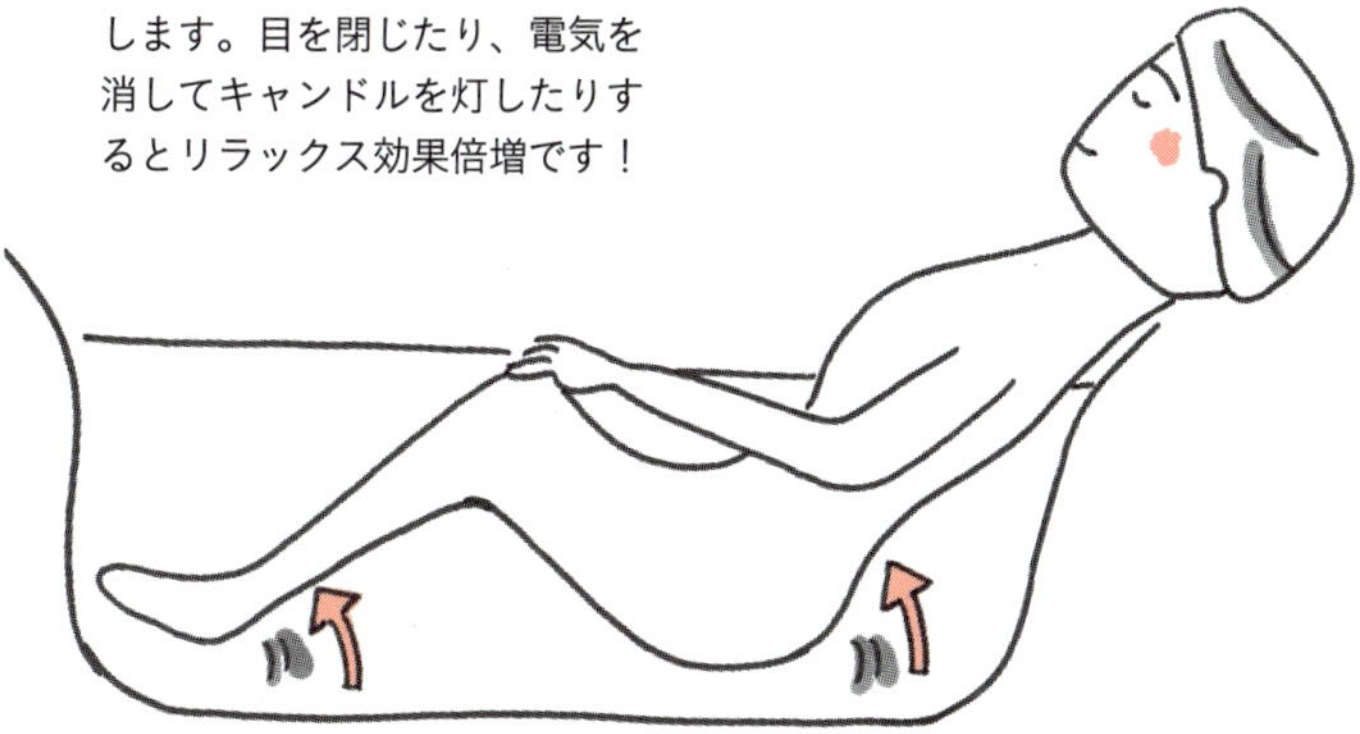

※浴槽のサイズによってはカラダが完全に浮き上がらないことがあります。腕を脱力してぷかぷか浮かべるだけでもOKです。

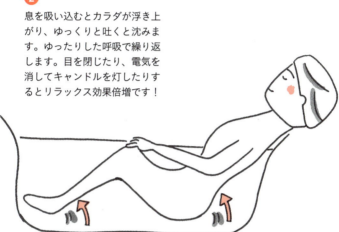

日常系

寝ながらやろう！ 指先レーザー

1
夜、布団に入ってから行うエクササイズです。

2
寝たままの状態で目を閉じて、ゆっくりと手を上げます。この時、指先からレーザーが出ているイメージで行います。

「ようやく布団に入ったけれどなかなか眠れない……」

カラダは疲れているのに頭が冴えて、目をつむっても今日の出来事を何度も思い出しては嫌な気分になったり、明日の予定が心配になったり。

ここでお勧めなのが〝指先レーザー〟です。

感情に巻き込まれている時は、意識が内側にギュッと固まって、呼吸も視野、考えも全部が小さく狭くなります。

指先からレーザーが出ているイメージで腕を動かすこと

ご購読まことにありがとうございました。　**愛読者カード**

本の名前	
ご購入店名	

●本書のご感想（内容に関するご意見・ご感想などをお聞かせ下さい）

●企画のご提言（新しい本の企画、ご希望のテーマ、著者など）

●ご感想、企画のご提言をお寄せ頂いた方に、2ヶ月毎に締め切り、抽選で20名の方に機械漉き画仙紙はがき10枚入りセットを送呈します。抽選発表はご送付をもって替えさせていただきます。

●ご記入頂きました個人情報は、ご注文の書籍の発送又はお支払いの確認等の連絡及び小社の新刊案内を送付する為に利用し、その目的以外での利用は致しません。

表の購読申し込みをされた方は、ご住所、お名前、電話番号を省略いただいて結構です。

ご住所	〒　　－	お電話　（　　　）			
お名前	フリガナ	年令　　才	男	女	
		ご職業			
Eメールアドレス					
今までにこのハガキを出したことが	ある	ない			

楷書でハッキリお書き下さい

ご希望の方は◯印をご記入下さい。	◯	**新刊案内等**	◯	**総合図書目録**

'16.
N.10

料金受取人払郵便

本郷局
承認

9551

差出有効期間
平成30年3月
31日まで
（切手不要）

郵便はがき

113-8790

（受取人）
文京区本郷
5・2・2

株式会社
日貿出版社
愛読者係行

購読申込書

小社刊行図書のご注文にご利用下さい。より早く、より確実にご購読いただけます。

ご注文の書名	冊数	本体総額

楷書でハッキリ書いて下さい。

ご住所	〒
フリガナ	
お名前	㊞
電話	

通信販売の場合捺印下さい。

❶ **書店経由のご注文。**書店にご持参下さい。

❷ **通信販売のご注文。**代金は本が着いてから10日以内にご送金下さい。送料は、本体総額3,000円以上のお申込みの場合は無料です。3,000円未満の場合は送料は300円となります。

書店 番線印

書店様へ。番線印を押してご投函願います。

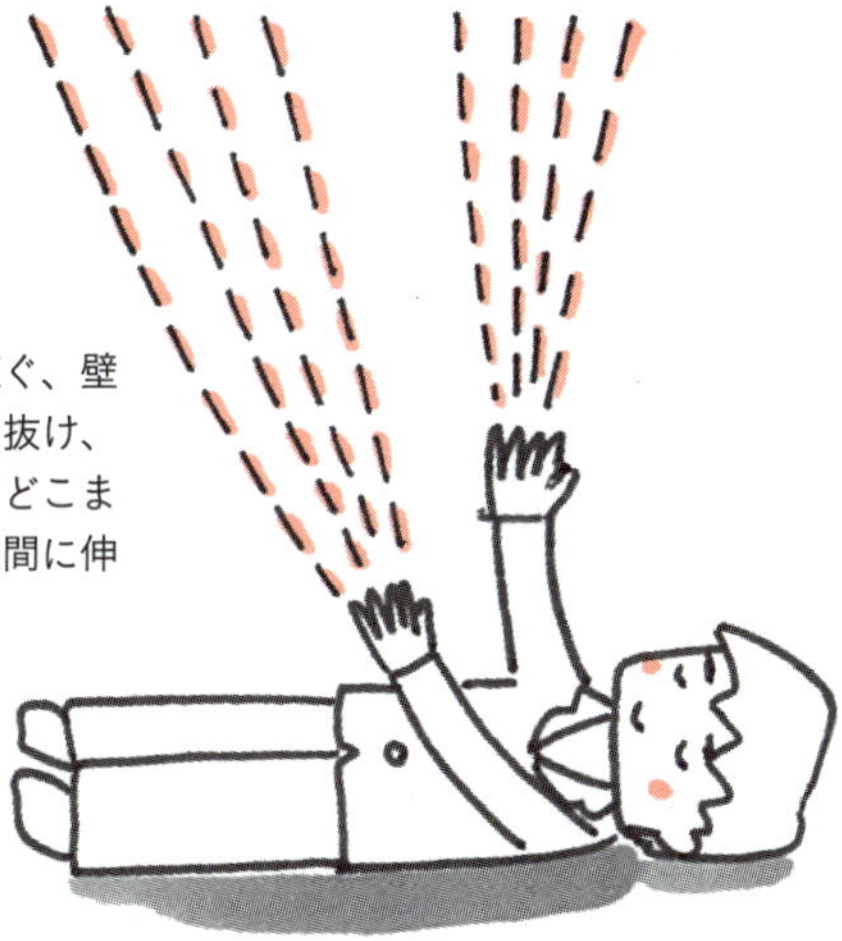

3

レーザー光線が真っ直ぐ、壁を突き抜け屋根を突き抜け、雲を抜け、月を横切りどこまでもどこまでも宇宙空間に伸びていくイメージで。

4

レーザーが照らす先の空間の広さを感じて、気持ちがふわっと広がればOKです。ゆっくり腕の上げ下ろしを繰り返します。

で、過剰に内面にフォーカスしていた気持ちが、外側の世界に広がり、気持ちが楽になっていきます。

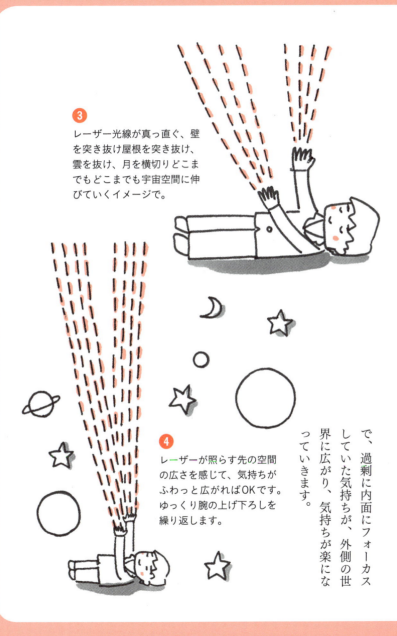

日常系

心臓の鼓動と生命力を感じる

1
目を閉じて静かに心臓の動きを感じます。手を胸の上に当てて、鼓動を感じてもいいでしょう。

脱力・リラックス・のびのびと自由になるコツは〝サポートを感じること〟。

即効系で紹介した椅子の座面や地面を感じるエクササイズもいいのですが、もう一つ大事なのは、生まれる前からこれからも、自分を内側から支え続ける力に気付くこと。

そう、どんな時でも私たちを支えてくれている心臓です。その鼓動を感じて、

「ありがとう、心臓さん」

そんな気分になったら大成功。自分のパワーが戻ってきます。

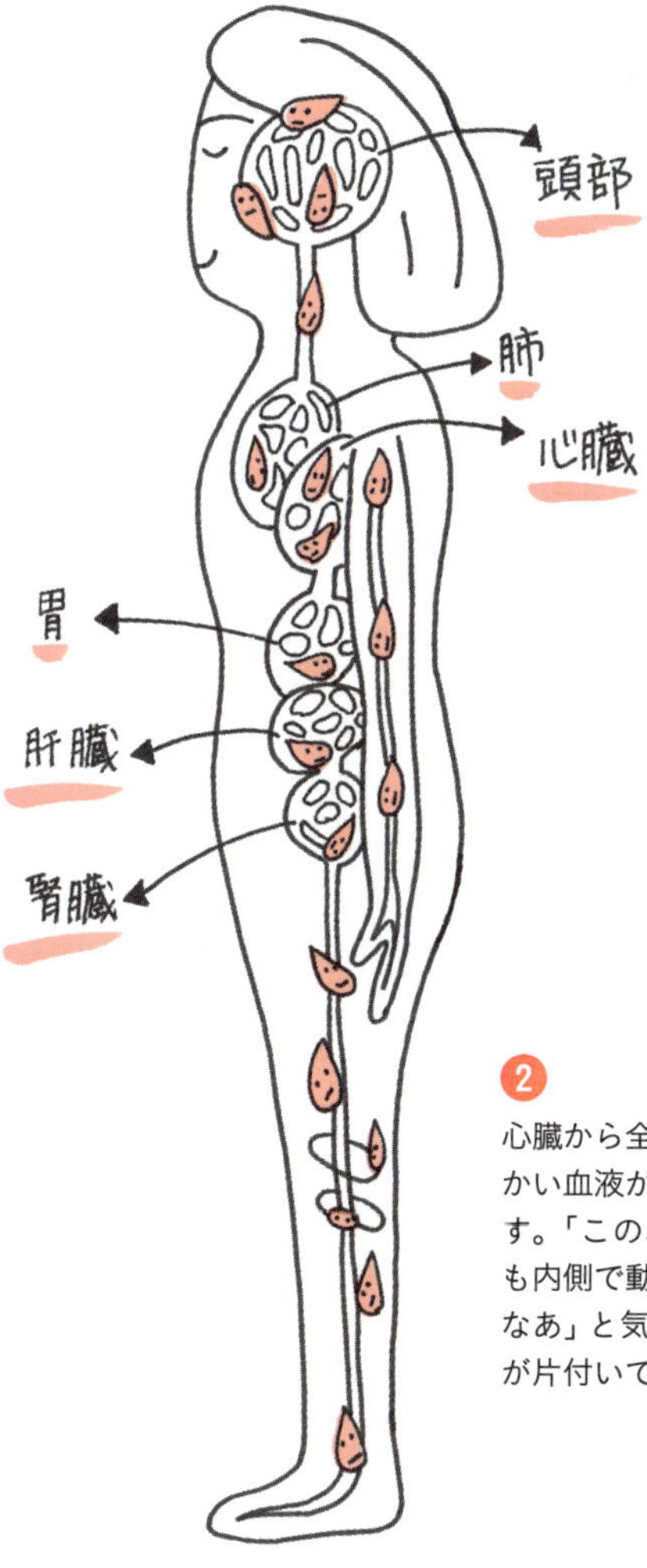

2

心臓から全身の隅々まで、温かい血液が送り出されています。「この心臓が、どんな時も内側で動き続けているんだなあ」と気付くうちに、感情が片付いていきます。

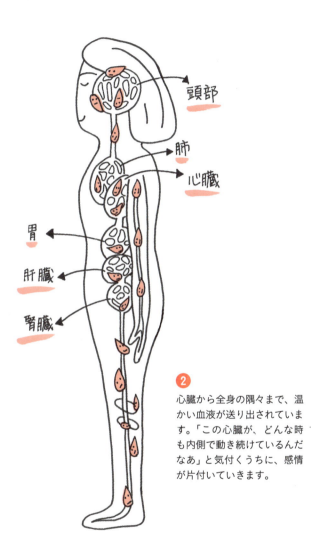

日常系

感情片付け体操 1

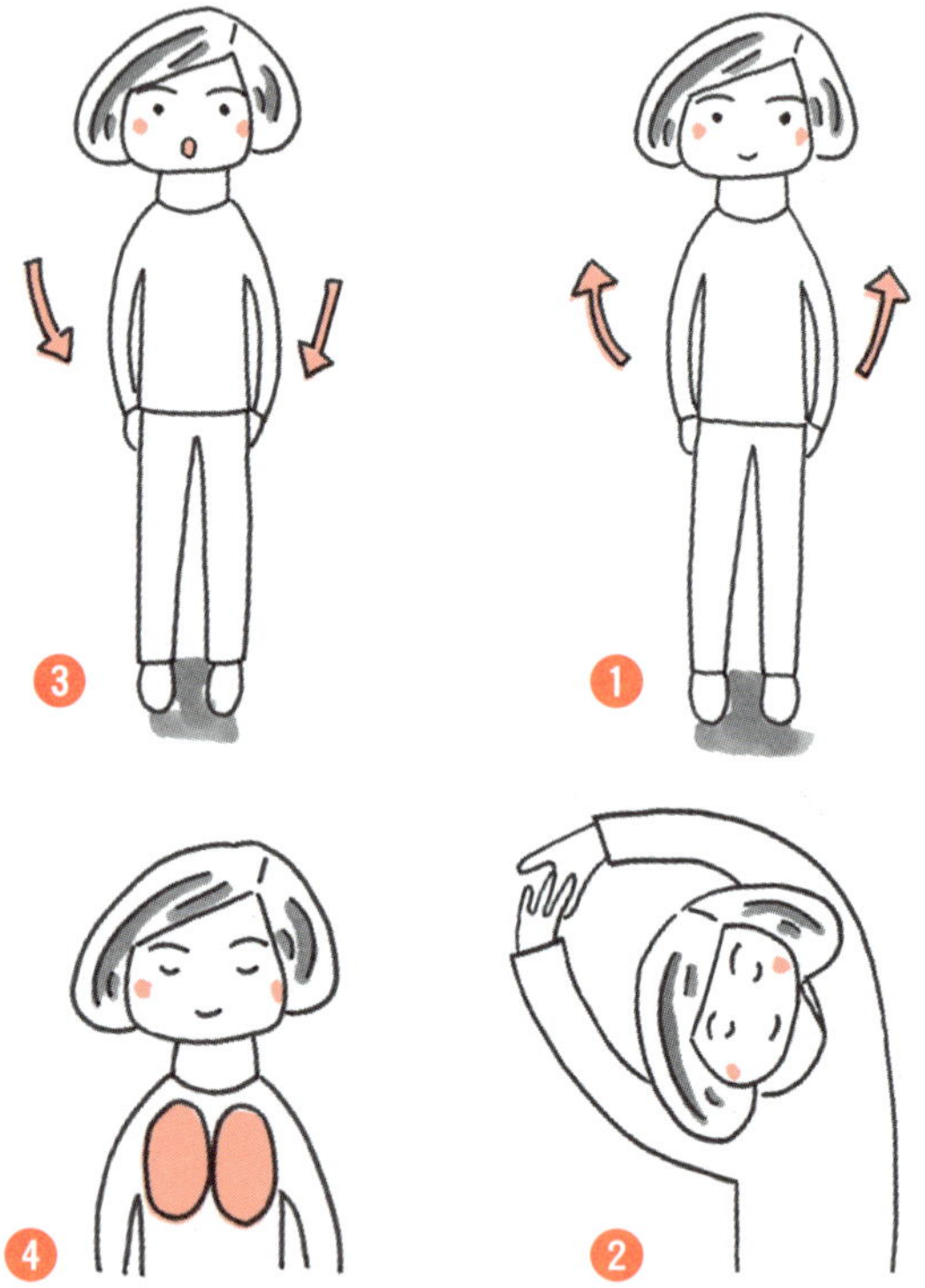

感情片付け体操1は朝起きた時がお勧め！　一日のスタートが変わります。

❶ 腕を横からゆっくり大きくあげて、のびのびと背伸び。

❷ 手を上で組んで、左右にゆらゆら。左右の肋骨の間に光を当てるイメージで。

❸ ゆっくりと両手を下げながら息を吐ききりましょう。

❹ 両手を下げたら、大きな肺を思い出して、ほっと一息。

❺ 遠くを眺めて、水平線をイメージ。その水平線が、ずーっと左右に伸びていくのをぼんやりと眺めましょう。目

線はやさしく。

❻ 自分の足元の地面を感じて。その地面があなたを支え続けてくれていることに気付きます。少し自分をリラックスさせて（できなくても地面を感じられればＯＫ）。その地面が遠くまで続いているのをイメージして。

❼ できたら歩きましょう！そして外の世界を見ながら美しいもの、興味をひかれるもの、ステキなものをたくさん見つけましょう。

❽ 最後に自分の心臓の鼓動と、カラダの温かさを感じられたら終了です。

日常系

感情片付け体操２

①

②

こちらは寝る前にお勧めの感情片付け体操２。一日のストレスをリセットして眠りましょう。

① ベッドに横になったまま、大の字になって両手を広げます。両手はバンザイでもＯＫです。

② 目を開けたまま、部屋がプラネタリウムになったのを眺めるように、全天に降り注ぐ星空を浴びるように、遠くをぼんやり眺めて、呼吸がゆったり広がっていくのを待ちます。

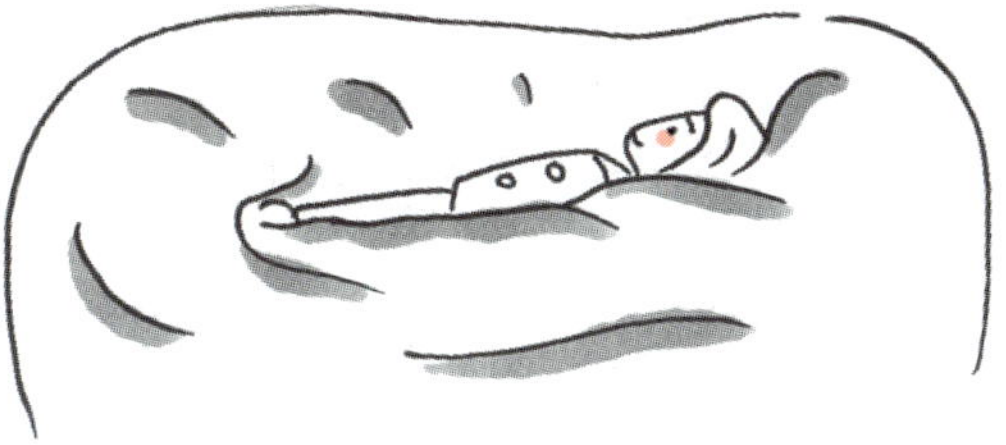

4

3

5

❸ ベッドが巨大なふかふかのクッションになったと思って全身が支えられているのを感じます。

❹ ふかふかのクッションにカラダ全体をしずめていきます。その包まれるような心地よさを感じて。今日も動き続けてくれた、自分のココロとカラダに、「お疲れさま」。

❺ 自律神経の緊張が、スルスルと降りていくのを感じて。ゆったりと目を閉じて。オヤスミナサイ。

マイルーチンを探そう！

ここでご紹介したエクササイズは、どれも「神経系の過活性を穏やかにしてくれるもの」です。まずはぜひ一通りやってみてください。

読んで「なるほどこんな感じね」というのと、実際にやってみて、「神経が落ち着いていくのを体験する」のはまったく違います！

お勧めは実際に試してみていくつか見つかったお気に入りをベースに、ぜひあなたオリジナルの

「感情片付けのマイルーチン」

を作ることです。

たとえば、

「夜寝る直前まで、スマホを見てしまうことが多いので、ベッドに入ったら「水平線のワーク」をやっています。緊張しているつもりがなくても、さらに呼吸が深くなってびっくり。寝付きもよくなりました」

マイルーチンの作り方

まずあなたが効果を実感したお気に入りのエクササイズを書き出しましょう。

次にあなたにとって呼吸が深くなるのはどんな時ですか？

例：ハーブティーを飲む、リビングのソファーにもたれる、ジョギングをする、ヨガをする、マンションのベランダに出る、など

感情を片付ける第一段階はまず「呼吸を楽にする」ところからはじまります。

そこで、今上に書いたエクササイズと下にあげた例を元に、「マイルーチン」を組み立ててみましょう！

〈A子さんのマイルーチン〉

私はすぐグルグルしてしまいやすいのでこんなふうに組み立ててみました

1 巻き込まれはじめたことに気付いたら

2 まず瞬間気分転換法！

3 次に肺の大きさを感じながら、呼吸が深くなっていくのを見守って、呼吸をしながら腕を動かすエクササイズを少し。

4 いい香りが好きなので、ハーブティーやアロマの香りで仕上げるといい感じ。

最後に自分の心臓を感じると、じわっと自信が戻ってきて巻き込まれ完全終了！

こんなふうにルーチンができると、片付けはますます簡単に！

でもとても自力で片付ける気力もないほど疲れてしまった時は、プロのマッサージやボディーケアを受けるのもお勧めです。施術を受けることで呼吸が深くなり感情がびっくりするほど片付いたりします。必要な時はぜひプロの力を借りてくださいね。

それからちょっと裏技的になりますが、自力と他力の間で私がよくクライアントの方たちにお勧めしているアイテムは「ストレッチポール」です。

もともとアスリートがクールダウンや柔軟性の向上のために使っていた、芯が硬いクッション性のあるポールです。価格も3000円前後と手頃ですし、その上に寝転がるだけで呼吸が深くなりますので〝感情片付けの飛び道具〟として（笑）よろしければお使いください。

人生系エクササイズ

最後に人生系を紹介します。

こちらは、日々暮らす中で心がけることで、安定した感情のベースが育ってくるものを集めてみました。

簡単に言ってしまえば、

○カラダを動かす。
○ちゃんと寝る。
○しっかり食べる。
○自然の中で過ごす。

の四つです。

どれもこれも、セッションでこうお話しすると、

「え、そんな当たり前のことなんですか？」

という反応が返ってきます。でも、その当たり前のことができない生活が神経

系を不安定にして、感情が片付かない一番の原因なのです。

「いきなり今日からはじめるのは難しい！」

とおっしゃる方もいるかもしれませんね。

でもこれが漠然と「健康のため」ではなく、「今日湧いてくる感情と関係がある」

と言われたらどうでしょう？

「一つひとつの感情を片付けるのもムリ～」

という時ほど、この「人生系」の影響を受けている可能性大！

こじれる時期ほどご活用ください。

カラダを動かす

「カラダを動かして感情を片付けましょう」

と聞くと、

「ああ、海に向かって〝バカヤロー〟って発散する感じ？」

ランニングでもウォーキング、散歩でもOK。グルグルパワーにやられないための基本は「カラダを動かすこと」です。

と思われるかもしれません。確かにそれも一理ありますが、カラダを使うことには「発散」以上の深い意味があるんです。

理由は私たちは動物だから。

大脳新皮質が発達して、他の動物とは違う高等生物のようなつもりになっているかもしれませんが、その実態はただの動物、ほ乳類なのです。

そして生き物にとって大事なことは「めぐっている」カラダです。

心臓から血液が全身をめぐり、温かいカラダ。単純なことですがきちんとめぐっていれば、感情は淀まず、自然に片付いて余裕が出てきます。

ですから「冷たくて、ギュッと固まった」感じがする時は、思い切って少し走ってみてください。カラダを動かせば自然に血がめぐり体温も上がり、落ち込んでいたくてもカラダがそうはさせません。逆にイライラした状態で走ると、高止まりしていた神経系のガス抜きになって、やっぱり感情は自然に片付いて安定してきます。

あなたの感情のためにも習慣的にカラダを動かすことを意識してください。

寝る

感情のいいところは、掃除機はもちろんロボット掃除機さえ使わなくても片付いてしまうこと。

その最たるものが〝寝ること〟です。

とはいえ、現代人はこの「寝る＝休む」という感覚がとても苦手。

特に直前までパソコンやスマホを見ていて、いきなり寝ようとしても神経系は緊張して興奮した状態ですから、その緊張や興奮をどこかカラダに持ち越したままの〝ほどほどの睡眠〟になりがちです。

神経が一日一回ちゃんとリセットされないでいると、気持ちが落ち着かず、感情は当然こじれがち。日常編で紹介した〝指先レーザー〟や〝心臓の鼓動〟でしっかり寝るのはもちろんですが、

寝る前30分くらいは意識的にデジタル機器から離れて神経系の活性を落ち着かせるのも大事です。

もちろん睡眠不足は感情の安定にとって致命的。睡眠の「時間」も「質」もどちらも大事です。

食べる

食べることも、実は神経に作用します。

何がいい悪い、ではなくて、まずはシンプルに「生き物としてまっとうな食事」を心がけてみるだけで、気分が変化していきますよ。

ちゃんと食べることも、感情片付け術になります。

主食がお菓子とコンビニのお弁当、時間も不規則でまったく食べないかドカ食い！　だったら何をやっても気分が晴れることはありません。

お菓子とカフェインを減らして、ごはんとお味噌汁でいいですから（最初はコンビニのでもいいです）、カラダに入るものを穏やかで安定した質のものにしてあげましょう。できれば添加物も減らせるといいですね。

私自身ファスティング（断食）や、食事療法で、感情が穏やかになることを何度も経験しました。

毎日悩んでいたことがまったく気にならなくなって、「あれは私ではなく、私の血液が悩んでいたのか！」と驚いたくらいです。

時々でもいいので、自然の中で過ごすのも大事。

感情が乱れる時ほど、忙しくて毎日大変で、感情を片付けるエクササイズなんてする気にならない！ ……そうかもしれません。

そんな時はなおさら、毎日の食事、口に入れるものを（そして同時に食べすぎにも）いつもより少し注意を向けてあげてください。

もしかしたらだんだん「これを食べると落ち着く」「こういうものを食べるとざわざわする」などにも気付いていくかもしれません。

自然の中で過ごす

自然の中に行くと、自然に呼吸が深くなって、ふわっとカラダがゆるむ感じがしませんか？

たまにはのんびりと、遠くの山を眺めたり、風に吹かれたり、木々の気配を感じる場所に行って、こわばった五感を解放してあげましょう。

先ほども書いたように私たちはただのほ乳類、「動物」です。人工物に囲まれているより、自然に囲まれているのが動物の本来の姿。

遠くの景色を眺めただけで、「気分」が変わるのがわかるでしょう。

この感覚を利用したものを即効系エクササイズで紹介したのですが、やっぱり本物の自然の中で味わうのが一番です。


気分というのは、次に生まれる感情のベースです。

心地よいベースから、心地よい感情が生み出されます。

感情を〝片付ける〟先にあるもの

感情を片付けることが最終目標ではありません。

感情を片付ける時に気を付けたいのは、

引っ越しも片付けも、「それで、どんなふうになりたいか？」が大事です。

「片付けること」自体を目的にしてはいけない。

ということです。

部屋の片付けや、引っ越しをする時に、

「居心地が悪いから」

「この部屋が住みづらいから」

といった、

「ここではないどこかへ！」

という思いだけでは、なかなかうまくいきません。

あなたが本当に理想とするような場所にたどり着くためには、

「心地よくくつろげる場所にしよう」

「そうしたらラグを敷いて、ゆっくりコーヒーを飲んで、夜にはキャンドルを灯してお風呂に入ろう」

とか、

「公園のそばで小さな川も流れていて。でも駅まで近くて便利な場所がいい！」

「朝はその公園で太極拳をして、駅前のカフェで本を読もう」

とか、より具体的に「たどり着きたい場所」や「何をするか」をイメージすることで、理想が叶いやすくなるとは、よく言われますね。


感情を片付けた先にあるゴールが、あなたには見えていますか？

一つ目のゴール「自分自身を、落ち着いて見ていられるようになる」

「ゴール？　何もそんなもの設定しなくても。私は今がイヤだから、苦しいところから抜け出したいだけ」

まずはそれでOKです。

パート3で紹介したさまざまなワークをやってみて、ちょっと感情が片付きはじめると、ココロの部屋の見通しがよくなり、爽やかな風が吹き抜けはじめます。

そうすると、

「もうっ！ ごちゃごちゃしていて落ち着かない！」

という不快さだけの状態から、

「なるほど、いらないものを部屋のあちこちに置いているから、片付かないのか」

とか、今まで直視することさえ嫌だった、部屋の中の様子が把握できるようになり、落ち着いて見ていられるようになります。

この、

「もうっ！」から、

「なるほど、私はイライラしているのね」

への変化は、大進歩です。不快感が大幅に減っていますから。

感情をすべてなくすのではなく、巻き込まれず、

ある程度落ち着いて感情と付き合える、その範囲を広げること。

ここがまず、最初に目指すゴールです。

二つ目のゴール「感情を自分のデータとして扱える」

あなたはどんな時、ガツンと怒ったり、ふわっとやさしい気持ちになったり、どうしようもなく悲しい気持ちになるのでしょうか？

日々起きるさまざまな出来事と、それに対する反応＝感情が、あなたらしさをつくりだしています。

揺れ動く感情は、決して厄介でじゃまなものではありません。

それどころか感情は、あなた自身を知るための重要なデータ（情報）です。

私が学んでいた物理学のなかに「物性物理学《ぶっせいぶつりがく》」という分野があります（いきなりマニアックになりますが）。これは、「いろいろな物質がどのような性質を持つか」を研究して、それを適切な場所に生かすための学問です。

「鉄は熱いうちに打て」と言いますよね？　これは、〝鉄が高熱の時はどんな形にも加工できるくらいやわらかいけれど、冷えると固くなる〟性質のことを指しています。

この性質があるから包丁や刀ができるわけで、こうした物質の性質＝物性を見つけるために、いろいろな実験をしてその反応から、

「この素材は熱を加えても溶けにくいんだ」

とか、

「これぐらいの強さで叩くと潰れるくらいやわらかい」「電気を通しやすい」「磨くと光ってきれいだ」

と情報を増やしていきます。感情もこれと同じで、「あなたという物性（物理的な性格）」から生まれたものとして、扱ってみるとどうなるでしょうか。

そうすると、

「あんなふうに言われてめちゃ腹が立つわー！」

ではなくて、

「こういう風に言われると、腹が立つんだな。

つまりそういう物性を持つのね、私は」

となり、

「腹が立ったのは、〝バカにされた〟って感じたからだ」

「つまり私、バカにされたって感じる時に腹をたてるんだ！」

という、あなたらしい感情がわかってきます。

「なぜバカにされたと感じたのだろう？」と振り返ってみてもいいのですが、
この時のルールは、最大でも3ステップぐらいで、
「そうか、だから自分はそう感じたんだな」
という結論まで達しなかったら、その問いは却下すること！

たとえば、

「なぜバカにされたって感じたんだろう？」

「この腹が立つ感じは、〝そっちこそバカじゃない！〟って言いたい気持ちか！」

「そうか、私こそあの人を心の中でバカにしてるもんなあ」

という具合です。

これ以上は「データ解析」ではなく、またもや感情の巻き込みパワーに引きずりこまれる危険ありですので止めましょう。

この習慣を続けていくと、

「私は天気がいい日は機嫌がいいんだ」

といった、自分の物性についてのデータが集まってきます。こうしたデータが増えれば、

「天気が悪い日はご機嫌になりにくいから、気を付けよう」

とか、

「今日気分が冴えないのは、天気が悪いせい。焦らずお天気がよくなるのを待とう」

雨ふりの日の私は
ちょっと落ちこみぎみ
でも それが"私"

コツコツデータを集めることで、自分の感情の扱い方がわかってきます。

と、自分の感情の扱い方がわかるようになってきます。そうすることにより、自分を責めたりほじくり返して苦しくなることが減り、

「それが私だもの」

と背伸びをして無理をしたり、逆に変に自分を卑下したりしない、等身大の私が見えてきます。

「どうしてこんなことで腹が立つんだろう？」

ではなくて、

「今日はそう感じる私なんだな」あるいは、「そう感じるんだもの、しょうがない！」

のです。

だって感情は「あなた」という素材から生み出された、貴重な実験データなのですから。

もっと片付けを楽にする1

「プロセスを見守る」

感情に巻き込まれている時は、苦しいですよね。

苦しいのでつい、〝なんとかしたい！〟ともがいてしまうのですが、実は本質的に感情は、自分でなんとかしなくても「いつか勝手に消えていくもの」です。

注射が一瞬、ちくっ！　と痛いのと同じで、痛いけれど、それが永遠につづくということはありません。注射をなんとか我慢できるのは〝痛いのは一瞬だ〟とわかっているからですよね？

感情も同じで、

〝いつか勝手に消えていくものだ〟

とわかって、それが消えるまでやり過ごすことができれば、苦しみを大きくすることがありません。

問題は必要以上に怖がって大騒ぎすること。

小さい頃、注射を嫌がって大暴れして、付き添いのお母さんや看護師さんをさんざん困らせて、結局注射を打たれてクタクタになったことはありませんか？

感情も、ムダな抵抗をせずに、〝ただやり過ごすこと〟を考えたほうが、クタクタにならずにすみます。逆におかしな抵抗をすると、あっと言う間に巻き込まれてかえって大変なことになったりするわけです。

ですから、もし、巻き込まれそうになった時は、

〝ちょっと引いて眺める〟


ことができると楽になります。

今この瞬間にすごくフォーカスして巻き込まれているのを、もう少し長い目で見てあげて、

「感情が消えていくプロセスのうち、今は苦しいところにいるんだな〜」

「時間の経過に任せていけば楽になっていくんだよね〜」


と、時間の経過をちょっと待ってあげる感覚を持ってみてください。

ココロの部屋を片付けして、広くしてくれるのは、時間です。

「時間さん」が、テキパキと部屋を広げ、部屋を居心地良く片付けていってくれるのを淡々と見守っているようなつもりになって、その、「プロセスを見守る」「プロセスに任せる」ように、落ち着いて見られる視点を育てていくと、感情だけでなくあらゆることとの付き合いが楽になっていきます。

もっと片付けを楽にする2

「時間さん」に任せよう！

「時間さん」に任せると、究極的には感情は、広がった部屋の中にすっかり薄まって消えてしまいます。

それは感情だけでなく、すべてのエネルギーは放っておくと「広がって薄まって消えていく」という、宇宙の大原則（エントロピー増大の法則）があるからです。

今は自分で作った感情で一時的に盛り上がっているけれど、アロマの香りが部屋で薄まって消えていくように、紅茶に入れた砂糖がすっかり溶けて見えなくなるように、時間と科学の法則に任せておけば必ず消えるという、その事実にゆだねてみてください。

それは雲が流れていくのを、ぼーっと見ているような感覚です。

頭の上に流れてきた雲も、やがては遠ざかりあなたの視界から消えていきます。

コツは、〝消そう〟と考えて頑張るのではなく、

「時間さんに、すっかり任せてしまうこと」

時々、感情解放のメソッドで「感じきって手放す」と書かれていることがありますが、これも同じことを言っています。

でも実は、〝感じきる〟という努力さえ必要ありません。「雲が流れてきたな」ということを「あえて見ないようにする」というのはかえって不自然ですから、自分の中で生まれた感情の反応はただ、「こんな感じがやってきたなあ〜」という感覚として見てあげます。

雲がゆっくり消えるように、時間さんに任せて感情が消えるのを待ちます。

ぼんやり眺めるくらいがちょうどよく、それについてよく考えようとしたり、ジャッジ（判断）したりすると、かえって消えなくなります。

沸き上がる感情の中には、〝怒り〟や〝あの人に無視された悔しさ〟とかもあるでしょうが、それぞれに名前をつけるとすぐにその感情を追ってしまい、ややこしくなります。だから、ただ「胸のこのあたりでゾワゾワする感覚」とそのまま〝感覚〟として味わい、消えていくのをただ眺める……。

これが「感じきる」の本当の意味です。

決して、「怒りや憎しみ苦しみ、葛藤を苦しんで味わい尽くす」という意味ではありません。

「ああ、感覚が、あるな」

と認めたら、ただカラダの感覚として、それがただ時間をかけて消えていくのを待つ。ずーっと消えるのを眺めている必要すらありません。「これは、消えるのだよね」と、思い出したら放っておく。そうすればやがて消える。それが「感じきって手放す」というプロセスです。努力も葛藤もいりません。

ただ「待つ」だけです。

私たちは「待つ」ことが苦手です。すぐに結果が欲しいのですね。でもここは「私のこのぐちゃぐちゃした不快な感覚も、いずれ消える運命なのだ！」と強く信じて放置してください。必ず、消えます。

ここまでシステム感情片付け術のアプローチの方法と具体的なエクササイズをご紹介してきました。最後のパート4では、この「感情片付け術」の背景にあるアイデアと私自身のこと、そして片付けるからこそ楽しめる、「感情を持つ素晴らしさ」について、お伝えしていこうと思います。

4

〝感情〟という〝最高のエンターテインメント〟を楽しもう！

あなたのエネルギーは今、何パーセント？

私のセッションルームにみえるクライアントの方に、時々お聞きする質問があります。それはこんな質問です。

「あなたのエネルギーレベルは今、
何パーセントぐらいだと思いますか？」

昔科学を学んでいた私が、はじめてボディーワークの世界に入ってきた頃は、科学の世界とは違う使われ方をするこの「エネルギー」という言葉に過敏になり、「そのエネルギーの単位は何ですか!?」と熱くなったりしていました(笑)。ですがクライアントのみなさんはそんな様子もなく、ちょっと考えて、

「50パーセントくらいかな？」

「25パーセントくらいです」

とわりとすんなりと、ご自分のエネルギーレベルをお答えくださいます。

講座でこの質問をしても、元気な方もいまいち元気が無い方も、みなさんはな

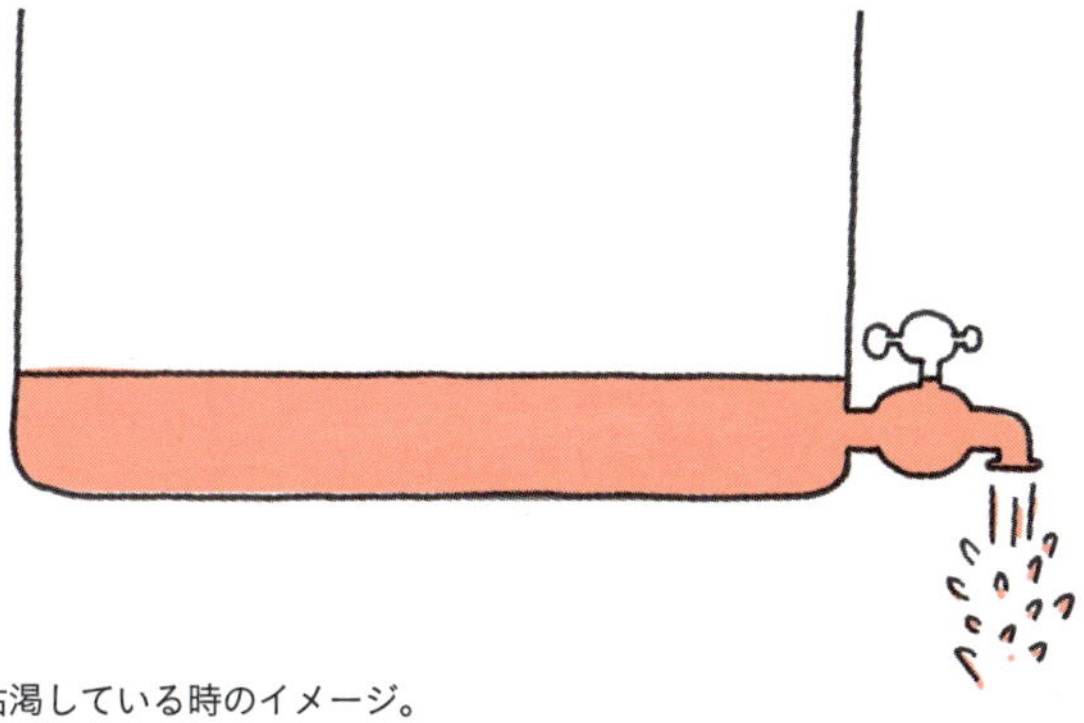

エネルギーが枯渇している時のイメージ。

んとなくこの「レベル」を感じてお答えくださいます。

特に乳幼児を育てているお母さんたちは「10パーセント」とか、高くても「30パーセントぐらい」と、とても低い数値を答えられることが多いのです。

この時、一緒に上の図を描いて、私はこんな説明をしています。

「今○○さんのエネルギーのプールの水位はこれぐらいなんですね。この下の蛇口から出て行く方が、使っているエネルギー。

育児って、朝から晩まで帰らないワガママなお客さんをおもてなしし続けているようなものですから、たくさんのエネルギーが出ていきますよね」

「スマートフォンもPCも、バッテリーがカスカスになってくると、動作が不安定になったり固まったりしますよね？　このエネルギーレベルだと、いろんなことがうまくいかなかったり、感情がコントロールできなくても当然なんです」

こうお伝えすると、みなさん、

「そうですよね。つい怒ったり、やさしくなれない自分を責めて落ち込んでばかりだったのですけど、これじゃあ当然ですよね」

と、すーっと肩の荷を下ろしたような表情をされるのです。

このイメージ図を書いて、エネルギーレベル、つまり自分の元気度が全体のスケールの中でどのあたりか？を振り返ることができると、今の自分の状態が一瞬でわかると思います。

けれど、このレベルが下がっている時ほど、「自分が今人生で大変な時期」だということや「疲れている」ことにすら気付かず、うまくいかない自分を責めたり、内省しすぎたりして、ますます疲れてしまいます。

充電が切れかけて省電源モードになっているスマホで、YouTubeを再生しようとするようなものです。

反省する、落ち込む、ぐずぐず考える。これ自体が充電がカスカスになっていることを示す「症状」なのですね。

うまくいかない一つひとつのことを見つめすぎる前に、この「エネルギーレベル」をチェックしてみると、新しく見えてくることがあります。

感情の一つひとつではなく、それを生み出している「システム」をチェックする感じです。

大事なのは「リソース」

先のイメージ図にもう一つ、今度は上に蛇口を付け足します。今度の蛇口は、ここからエネルギーが注ぎ込まれる口。プールにどんどんエネルギーが満ちていきます。

満ちてくると当然、元気になり、パフォーマンスも高くなってきます。

この、入ってくるエネルギーの源を、

「リソース」

と言います。

リソースという言葉自体はもともと、「資源」という意味があります。たとえば「リソースが足りなくて、コンピュータが動作しない」などというふうに使われますが、心理学やボディーワークの世界では、

「私たちを元気にしてくれるもの」

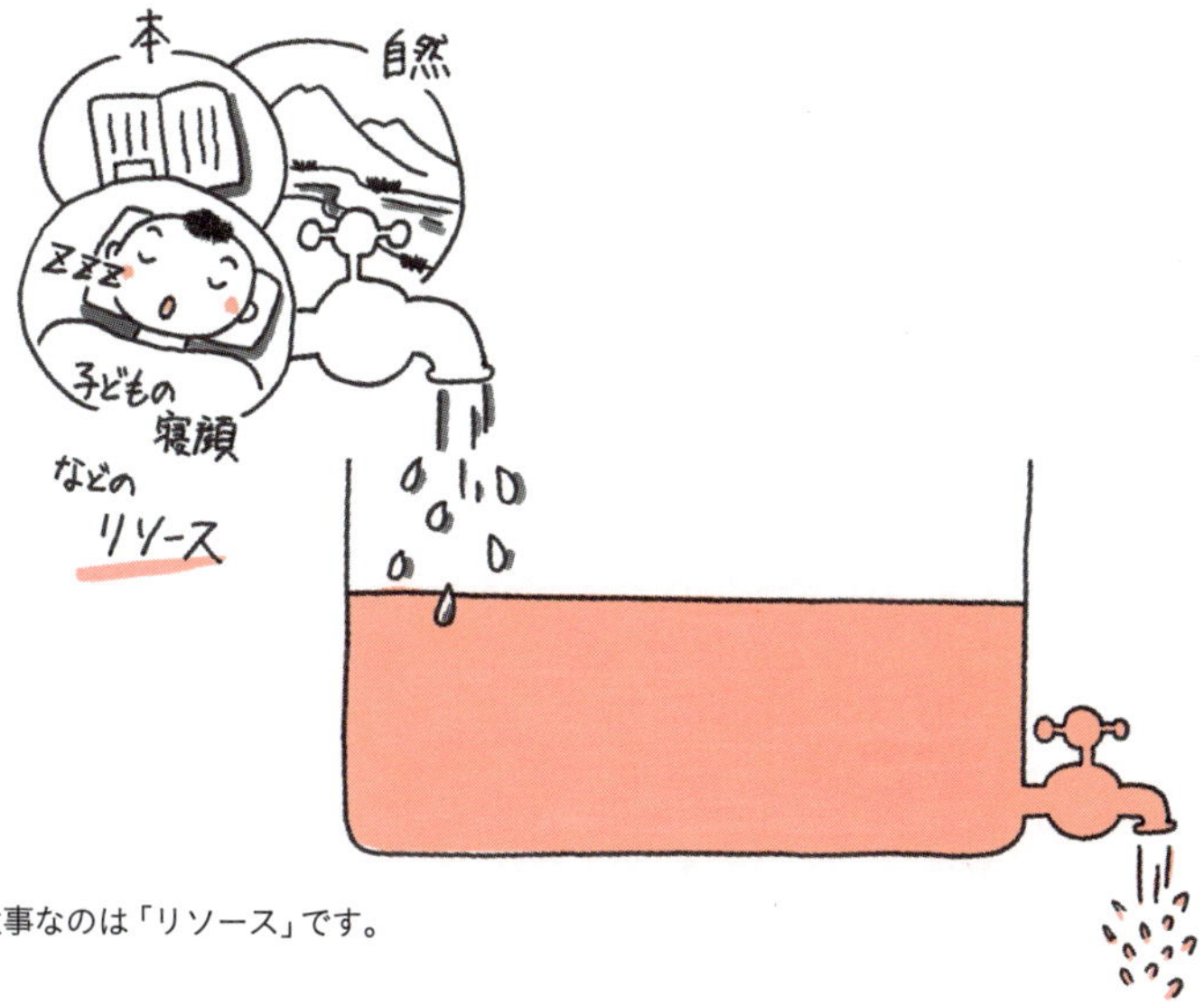

大事なのは「リソース」です。

「いい感じがするもの」

などのことを「リソース」と言います。

たとえば、美味しいものを食べたり、好きな音楽を聴いたり、青い空や白い雲、海、鳥の声、それから「あの人のために頑張ろう！」と思う気持ち……、こうした、あなたを元気にして、勇気づけてくれるものすべてがリソースと言えます。

時々テレビで俳優さんやスポーツ選手が、「これが私の元気の素！」と、自分の好きな物を紹介している番組がありますが、あれもリソースですね。

リソースがあるという感覚は、とても神経系を落ち着かせる助けとなってくれます。

自分にリソースが「ある」ことに気が付いた

リソースに気付くことで、神経が過活性の状態から穏やかな状態に降りるのを助けます。

時、人は前向きになったり安心して落ち着くことができます。神経系が過活性の状態からいつまでも降りられないのは、「もうリラックスして落ち着いても、大丈夫」という感覚を、いつまでも持てないから。

降りた後の足場が見つからなかったら、安心して降りていくことができないのは当然ですよね。

リソースがあるとその「いい感じ」「ほっと落ち着ける感じ」「支えてくれるものがある感じ」が足場となって、リラックスする方へ安心して「降りていく」「前に進んでいく」ことができます。

巻き込まれているとすぐそこにある「リソース」に気が付けません。

リソースは実は、日常に、世界にあふれています。

あふれていますが、リソースであることに気付かなければ、その「素」を活用することはできません。コンセントがいくつあっても、そこにプラグを差し込まないと充電されないのと同じですね。

ところが、リソースが足りない時ほど「リソースに気付けなく」なりがちです。

疲れてやさぐれている時ほど、助けてくれる人の存在に気付かなかったり、自分をケアすることを忘れたりしがちですね。そしてますます「私ばっかり大変！　もうやだー！」となってしまうわけです。

この、「リソースなんてない！」というモードは、神経系という視点で見ると〝混乱して興奮し、視野が狭くなっている状態〟です。そのためすぐそばにあるリソースの存在にも気が付かないのです。

ここまで読んでお気付きの方もいらっしゃるかもしれません。

実はパート3で紹介したエクササイズは、この興奮して周りが見えなくなっている神経系をしずめて、私たちのそばにあるリソースに気が付くためのもの。リソースに気付けるカラダに整えて、

「今の自分のエネルギーレベルはどのくらいだろう？」

「この感情はそもそも、エネルギーレベルが低いからじゃないかな？」

という視点を持てることがとても大事なのです！

この自分の状態を少し離れた位置から観察することが、そのまま感情の渦に巻き込まれている状態から離れる、大事なポイントなのです。

ですから、ちょっと〝混乱してきた〟〝感情でごちゃごちゃしてきた〟と思ったら、まずこのエネルギープールの絵を思い浮かべてください。

もし、「出て行くエネルギーの方が多い！」「リソースが足りなさすぎる！」となったら、今の感情に向きあったり反省したりするより、まず自分を満たしてあげることの方が大事です。

ゆっくり休むこともリソース。美味しいものを食べることもリソース。〝今頑張ったら、こんな人達が喜んでくれる〟と思えるものを見つけることも、お気に入りの服を着ることも、お疲れ様の一杯を用意しておいてあげることもリソース。

実際には行くことが難しくても、どこかお気に入りの場所に行くことや、好きな人に会う様子を、ていねいにイメージして、その「いい感じ」を味わうことも、リソースになるのです。

リソースをたくさん見つけられれば見つけられるほど、感情の片付けは上手になっていきます。

時間がある時に、「あなたのリソースのリスト」を作ってみてください。

（例）

バリ島に旅行にいく
旅行の妄想をする
駅前のジェラート屋さんでジェラートを食べる
お気に入りのアーティストのDVDを観る
めいっ子の写真を見る
料理をする
スタバに行く
マッサージを受けに行く
キャンドルを灯す
お気に入りの洋服を着る
海を見に行く
………

そして、「枯渇してきたな」と思ったらこのリストをレストランのメニュー表のように眺めて、今自分が満たせるリソースを見つけてください。「今すぐバリ島には行けないけど、行った時のことをじっくり思い出して味わってみよう」「バリ島は行けないけど、とりあえずこの仕事が一段落したらスタバに行こう！」とか。

それから、

「エネルギーが出て行く方を減らせないか？」

という視点も持ってみてください。

今やらなくていいこと、人の負担を持ちすぎること、本来は元気な時にすべき大きな決断、答えの出ない考えごと、自分の深掘り……。

そういうことは、エネルギー不足の時にやってはいけません。エネルギーがたっぷりある時にやりましょう。

「エネルギーレベル」という視点で見ると、こんなふうに新しい片付け方が見えてきます。

感情片付け術のもと、トラウマ療法

「片付けるにもある程度のエネルギーが必要。だからリソースを増やしましょう！」「エネルギーがたっぷりあれば、実は片付けようとしなくても勝手に片付いていく」実はこれ、私が現在も学び続けているトラウマ療法でも用いられている考え方です。

〝トラウマ〟

と聞くと、「大きな犯罪や災害の被害」や「小さい頃に受けた嫌な経験がずっとココロのしこりになって残っている」というイメージをお持ちの方も多いでしょう。

一般には〝心的外傷〟とも呼ばれ、過去に受けた肉体的、精神的な衝撃にとらわれている状態を指します。この時重要なのは、出来事の大小や、他人から見て重大かどうかは関係なく、「自分にとって脅威だった」という、本人の主観によってそのインパクトの大きさは測られます。

このトラウマワークの研究が進んでいるのは、アメリカです。

ベトナム戦争、湾岸戦争、イラク戦争と続く戦争のさなかで、アメリカは他の国に比べて戦争帰還兵が多いことから、戦場での出来事がトラウマとなり、ＰＴＳＤ（心的外傷後ストレス障害）に苦しむ人が現在も多くいます。

こうした方々を対象にしたトラウマ研究の中から生まれた治療法に「ソマティック・エクスペリエンス®」（以下、ＳＥ）と呼ばれるトラウマ療法があります。アメリカのピーター・リヴァイン博士によって開発されたトラウマ療法で、カラダの感覚に注意を向けることで、その人自身のカラダが本来持っている自己治癒力を引き出し、心身の回復をはかるものです。

ＳＥの特徴は、トラウマをそれぞれの人が経験した出来事の問題として心理面から解きほぐしていくのではなく、起きてしまった出来事に対して「神経系」が凍りついたままになっている、つまり「カラダの生理学的な問題」として捉え、カラダの解放を通して治療を進めていくことです。（注1）

たとえば昔、経験した怖いことがトラウマになっている場合、その原因に遡って、

「それで何があったのですか？」

「その時あなたはどんな風に感じたの？」

と、そのストーリーを追うのではなく、

「今お話している時、あなたのカラダではどんな感覚を感じていますか？」

「その感覚を見ていると、どんなふうに変わっていきますか？」

「すこし指先を動かしてみましょうか。ゆっくり動かすとどんな感じがしますか？」

「よかったら少し周りの景色を見渡して見られますか？」

など、過去に起きたストーリーではなく、「今ここの感覚」を呼び覚まして、先ほど紹介した「リソース」につながることができるようにしながら、穏やかにそのプロセスを見守っていきます。

そうすることで、

「今ここはもう安全で、安心していいんだ」

という感覚が腑に落ちてくるのです。

従来の心理療法を受けていた方は、「これが治療になるの?」と戸惑うほどの穏やかなプロセスに驚かれるようですが、SEは「ココロの問題」として捉えられていたトラウマを「カラダ(神経系)の問題」として捉えています。そして、その過度に高ぶったまま凍りついている神経系をリラックスさせていくために、クライアントの(たとえば顔色やカラダの様子といった)変化を細かく観察しながら、神経生理学に基づいて、安全に、確実にトラウマ解放のプロセスを進めていきます。

実際にセッションを進めていくと、本当にその理論通りに、「呼吸が深くなる」「背筋が伸びる」「視界が広がる」など、野生の動物が脅威から解放された時に生じるカラダの反応が、クライアントのみなさんにも確実に、順番通りに起こることに驚かされます。

先にも書きましたが、パート3でご紹介しているエクササイズは、同じ仕組みを「感情の片付け」に応用しています。背後にあるその人の物語や、感情の種類、強さは問わず、カラダに働きかけることで確実に変化が起こります。この本で感情を「システム」で片付けると書いているのはこんな背景があるわけです。

（注1）　参考サイト「ソマティック・エクスペリエンス®について」日本ソマティック・エクスペリエンス協会　http://www.sejapan.org/aboutse1.html

カラダはもともと自然に治る力を持っている

これは日々セッションの中でも、講座の中でも、自分の生活・人生の中でも実感していることなのですが、

私たちのカラダにはもともと〝治ろう〟とする力が備わっています。

誰に教えられたわけでもなく、ごく普通に生き物としての機能として、ココロもカラダも「傷を癒やし、できる範囲でちょうどいいところに自分を調整する力」を持っています。

そしてそれは、十分なリソースと結び付いた時に、最大に発揮されます。

ですから実感としても、問題や、トラウマ自体を癒やそうと悪戦苦闘するより、

リソースを確保して、その人がもともと持っている力を発動させることが、あらゆる癒やしにとっての最短距離となると感じています。

SEでも、私のボディーワークのセッションでも、「クライアントが治るまでずっと寄り添います！」という、〝いかにも優しい感じ〟はありません。

むしろ少し離れたところから全体を見守る感じで、クライアントが抱える細かな悩みや問題といった〝ドラマ〟に介入することはありません。

あくまでもカラダと神経の反応を見ながら、ココロとカラダを含む〝システム〟に対してアプローチするわけです。ちょっと機械的で冷たいように思えるかもしれませんが、お互いに感情に巻き込まれず、クライアントのもともと持っている力を最大限に引き出していくための、〝安全〟かつ〝エレガントな〟方法です。

SEは、このスタンスと、学術的にとてもしっかりした背景の理論とが高いレベルで融合されており、臨床の現場で多くの劇的な成果を上げています。私も学ぶたびに刺激を受けています。

ある熟練したセラピストがこんな風に言っていました。
「リソースは本当は無限にある。たとえば、今の部屋にいることも選べるし、出て行くことも選べる。今一歩、前進することも選べるし、動かないことも選べる。そうした〝選択ができる〟こともリソースなんだよ」と。

私たちは、混乱すればするほど「リソースが見つからない！」となりがちだと、リソースの説明（169ページ）でもお伝えしましたが、こんなふうに一緒にリソースに気付いていくことが、クライアントご自身が自分を癒やす力に結びつく助けとなります。これはセラピストが磨くべき一つの大きな技能になります。

方法は同じ、トラウマに大小はない

「でも、そんな戦争帰還兵の人に使う方法じゃなくてもいいんじゃないの？片付けたいのはトラウマじゃなくて、感情なんですけど……」

という疑問をお持ちの方もいらっしゃるかもしれませんね。

思い出してください。トラウマも、感情も、深刻度や大きさに差はあっても、大まかにはほとんど同じ仕組みを持っています。

生き物としての本来の力に任せていれば、時間とともに自然に解消されるはずのもの。

その神経系の高ぶりの解放のプロセスが、どこかで止まっているだけ。

カラダがその続きをしようとしているのを、リソースを増やすことで進めてあげる。

そうすれば、問題自体が解決しなくても、ココロとカラダのシステム全体が癒やされ落ち着いてくる。

……ということなのでした。

トラウマは、癒やされようとしている。

感情やストレスは、解消されたがっている。

リソースさえあれば、そのプロセスを進める準備をカラダはいつでもしているのです。

ですから、私たちが感情についてやってはいけないのは、「自分で感情をいじくり回して、そのカラダのプロセスをじゃますること！」。「感情に巻き込まれる」こともそれに含まれます。

カラダが自然に感情を収めようとしているところにわざわざ、「あの、ちょっとスイマセン、こんなふうに感じる自分って、やっぱりダメですよね(泣)」

「でもこれって、あの人が原因で！　あれが解決しないからで、それってつまり……。で〜も〜！！！(涙)」

と、感情をつつき回して騒ぎ立てたら、カラダとしては、

「うるさーい、だまって片付けさせろ！」

「いいからリソースを見つけてくれ〜」

と苦情の一つも言いたくなることでしょう。

「カラダ」と「時間」が自然に片付けを進められるスペースをじゃまして、ひと

りで片付けようとすること。これが私たちが普段やっていることなのです。

〝癒やし〟という甘美な魅力

また時々、

「感情を吐き出せば楽になる」

という言い方で感情を爆発させることを勧めるものもありますが、これは正直、上手くいったり、いかなかったりという、博打的な面があります。

上手くいけば、トラウマの解放を進めることになりますが、上手くいかないと、ただ感情を一番激しい状態で再体験し、神経系の活性はそのままになるので、その後の状況は変わらない、時には悪くなることも起こり得ます。

もちろん疲れていたのが一時的に落ち着いたり、それなりのすっきり感や充実感を感じるかもしれませんが、それは根本的に落ち着いていくこととはあまり関係がないのです。

〝癒やし〟には、それ自体に甘美な魅力があります。

悲劇のヒロインになって泣いている時のあの奇妙な充実感。「困難から立ち上がる私！」というドラマ性。激しい感情を体験したり、原因を探ったり、新たなストーリーを見つけたりすること自体に、とてもエンターテインメント性があるのです。

時にはその虜《とりこ》になることも、悪いことではありません。気が済むまで、私たちは何をしてもいいのです。


た・だ・し。

その道は、癒やしではなく、時には〝泣いて・笑って・怒って・叫んで！〟の感情劇場への道にしかつながっていないかもしれません。癒やしの道だと思って進めば進むほど、巻き込まれ「まだ苦しい」と消耗し、気付けば99ページのコラムで紹介した「損益分岐点」を超えているかもしれません。

すべての感情や問題を「完全に」解決したり癒やしたりしてはじめて次の一歩が踏み出せる、という発想の中では、決してあなたが得たい〝ほっとした感じ〟

はやってこないでしょう。

人生にはいろいろなことがあります。

その時その時やって来るいろいろなことや、感情に対する許容量を育てていくほうがずっと現実的ですし、嬉しいことに、私たちはその仕組みを持って生まれてきているのです。

「いつか完全に解放された私になるため」ではなく、まず今ここにいる自分にしてあげられること。それは、

「リソースを見つけること」

「今ここの自分を満たすこと」

あとはカラダとココロのシステムが持っている癒やしの仕組みに任せましょう。

それが一番確実で安全な感情の片付け方なのです。

〝失ったと思っている可能性〟

私が今まで聞いた中で一番ココロに残っているトラウマの定義は、

「失ったと思っている可能性」

というものです。

「失った」ではなくて、

「失ったと〝思っている〟」

というところが、この定義の、正確で、〝優しいところだな〟と思います。

傷ついたり、過去に経験した苦しさや痛みのリアリティの方が、

「今ここ」

のリアリティより濃くて強い時に、人はもう過ぎ去って終わったはずの過去にとらわれて、今の自分に制限をかけてしまい、〝何かを失ったという感覚〟を持ち続けてしまうのです。

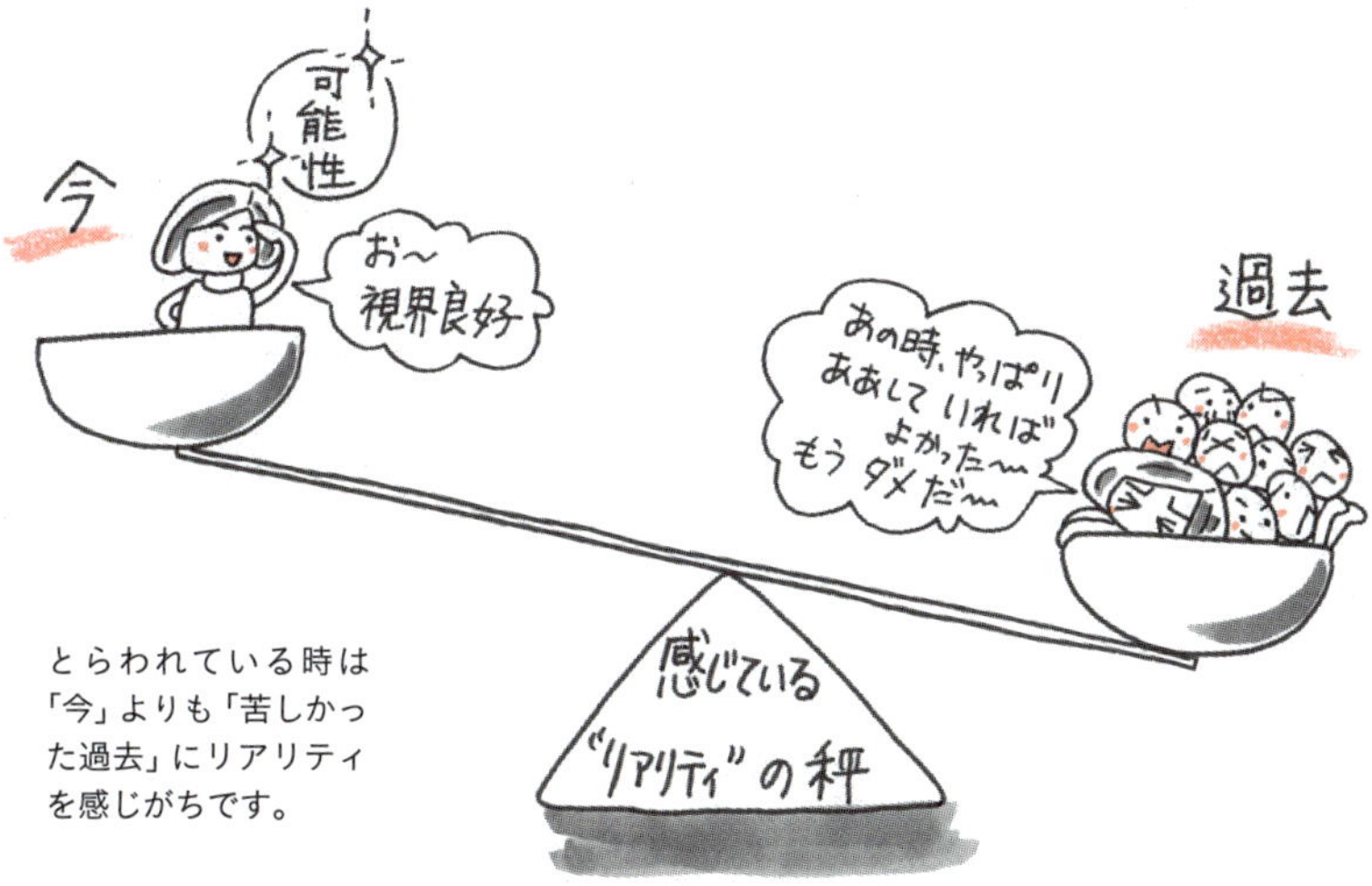

とらわれている時は「今」よりも「苦しかった過去」にリアリティを感じがちです。

ここで言う〝失った可能性〟とは、たとえば、

「もう幸せになれない」

「もう恋なんてしない」

「あんなこと言わなければ今頃は……」

「どうせ私は……」と、

「もう、自分にはその可能性が失われてしまった」

と思っている状態のこと。

でも、そうしたことは全部過去のことで、実は今や将来とは関係ありません。頭で作り出したストーリーにじゃまさせずに、今のカラダで感じていることをていねいに感じていれば、自分を癒やす力が働きはじめます。

思考は果てしなく過去にも未来にもさまよって、無限のストーリーを作りますが、カラダの

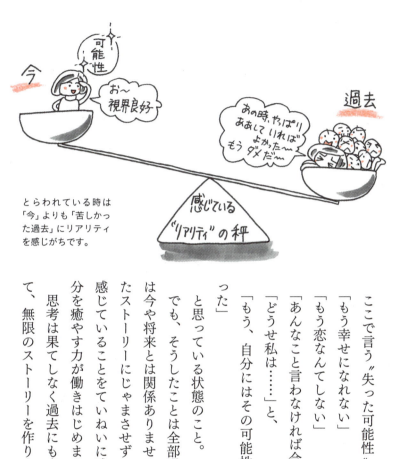

感覚は今この瞬間にしか存在しません。カラダの中で働く自分の力を信頼して感じていれば、

「〝今〟の私は、傷ついてなんかいなかった」
「何も失ってなどいなかった」

という〝事実〟に気付きます。もう終わった過去のことを、今の自分に投影せずに済むようになります。

ちょっと壮大な話になってしまったかもしれませんね。
私が言いたいのはこういうことです。

「過去のことだ、手放して前に進みたい」と頭でわかっていても、「気持ちがついていかない」時、追いついていないのはココロではなく「カラダ」です。
私たちは、もっと「ココロや感情と向き合う」前に、

「カラダを解放することの可能性」

に気付いて、使えばいいのです。

日常はトラウマに満ち溢れている⁉

私たちはトラウマとは自覚しないまでも、日常的に緊張の中にいて頑張ることに慣れています。

日々、社会や家族の構成員として〝あるべき姿〟を意識して立ち振るまい、そのお陰で電車が時間通りにキチンと運行されたり、ひとたび大きな震災が起きても、大きな混乱が起こらない〝マジメ〟な社会ができ上がっています。

言い換えれば、

〝社会の効率性〟

ストレスは「小さなトラウマ」です。

を優先していると言えるでしょう。その一方でいろいろなところで無理をしています。

人とうまくやることや効率性を優先することで、「思うようなかたちで全うできなかったこと」は私たちの中でたくさんあるはずです。「のんびりしたいけれど、みんなが残業しているから帰れない」、「今日はお天気が良いから本当は遊びに行っちゃいたいくらいだけれど、仕事に行かなきゃならない……」こんなことも小さいけれど「トラウマ」に分類されます。

家族や友人とケンカをしてしまって、「謝りたかったけれど、謝れなかった」ことも、牡蠣にあたったので「怖くてもう牡蠣を食べられない」ことも〝トラウマ〟です。

時に「日常はトラウマに満ち溢れている」とさえ言われます。これは「人生ってこんなに大変なんだよ！」ということを言いたいのではなく、平気なフリしながら私達は結構いろいろとガマンしたり、消耗したり、傷ついたりしている、ということにもっと気付いてもいいということでしょう。

ブラック企業ではなくても、一日中デスクの前でカラダを固めて眩しく光るPCを見続けるというのは、もちろんスマートフォン以上に神経系に負担をかけます。IT系の方にはうつ病が多いというのは、この神経系への負担にも関係しているはずでしょう。

そして〝負担だなぁ〟と思いながらも、「PCが神経の負担になるので辞めます」と言うのはなかなか難しいですよね。

普通に生活していても、思い通りにならないことはたくさんあります。さらに現在の社会は、こうした少しずつ神経系に「小さなトラウマ」とでも言うべき傷を残しやすい仕組みを持っています。

だからこそ！

〝上手にリソースを見つけて、エネルギーを満たしましょう〟

ということです。なんでもそうですがシステムがわかればどうすれば良いのかも見えてきます。

自分を大事にしてあげられるのは自分だけ。頑張っている人ほど、たくさんのリソースを見つけてくださいね。

日本人は自分を大事にするのが下手？

日頃、クライアントの方や講座の生徒の方々にお伝えする話の中でも、みなさんにとって大きなインパクトを残すのは、やはり「リソース」のお話のようです。

「自分を満たすなんて、最初はなんとなく罪悪感があったんですが、すごくいいですね！」
「機嫌がよくなるし、自分が安定するのがわかります」
「人に振り回されにくくなったし、〝なんだか幸せそう、変わったね〟って言われます」
「これからはリソースをたくさん見つけたいです！」

ここに一つの重大なキーワードが隠されています。なんだかわかりますか？

「罪悪感」です。

古くから日本人は、「和を以て貴しとなす」、なんとなく空気を読み合って、「迷惑をかけないように、思いやりを持ちましょう」という文化風土があります。それはもちろん美しいことで、誇るべき文化の側面です。

けれどそれがいつの間にか、「努力が善」「みんなに合わせましょう」「自分を満たすなんてわがまま」という〝隠れ文化〟も作り出してしまってはいないでしょうか。

「頑張りすぎ」で、自分を感じることを忘れている私たち。

ときどき雑誌のコピーやCMで、

「頑張った自分にご褒美」

というフレーズを目にしますが、これも裏返せば、

「頑張らなければ自分にご褒美を与えてはいけないですよね？」「私は頑張ったからいいですよね？」「私、頑張ります！」

という日常があるからでしょう。そこにはどこかで、

「みんなのことを考えましょう」

「自分はガマンして人を優先するのが美しい」

「外の世界で負けない」

「むしろ犠牲が善」

と、お互いに目立たないように牽制し合うスタイルが、深くしずかに染みこんでいるように

思います。おそらくこれは私たちが成長する中で植えつけられた価値観で、「あなたはどう感じるの?」と聞かれて、
「自分が感じることを大事にしていいんだよ」
という教育を受ける機会が少ないからではないでしょうか。

実は私にもいつのまにかその文化に〝慣れきってしまっていたな〟と、思わされるエピソードがありました。

数年前のバレンタインのことです。

近所に日本の大学で教授を務めるドイツ人の旦那さんと日本人の奥さん、そのおふたりの間には幼稚園に通うお嬢さんがいらっしゃいました。

そのお嬢さんがバレンタインデーに、好きな男の子に幼稚園でチョコレートを渡そうと計画していたので、お母さんが念のため幼稚園に訊ねたところ、「NG」の返事。

理由は「もらえない子もいるから、あげたいのでしたら幼稚園が終わった後、その子の家を訪ねて渡してください」というもの。

日本人のお母さんは「ま、そういうものか」と納得したのですが、ドイツ人の旦那さんは、

「なぜ、子供が誰かを好きになって、自分でチョコレートを作って渡そうとする、人生ではじめての素晴らしい創造性を発揮する場面に、他の子を立ち合わせてあげないんだ！」

と怒って幼稚園に直談判に行ったのです。

しかし結局、旦那さんの言い分は通ることはありませんでした。

「私はみんなが小さい頃から高度な教育を受けた日本人の子どもたちが大学まで来て、〝自分がやりたいことがわからない〟と言うことが不思議だった。でも今回のことでよくわかった。教育の入り口がこうだから、出口がそうなるんだ」と。

この一件で日本の教育にがっかりされたご家族は〝自分の子どもにこんな教育を受けさせるわけにはいかない〟と思われたそうです。

この話を聞いて、改めて私自身、日本的な〝個人より全体〟という考え方に慣れきっていることに気が付きました。私も、

「やっぱりね、まあお家に渡しに行けばいいわ」

と、それほど考えることなく受け入れていたと思うからです。


どちらかというと私も夫（元スペイン料理店のオーナーシェフで現在は専業主夫をしています）も日本人の平均的な感覚からすれば、「自由ですね」と言われる部類なのですが、それでも自動的に「事を荒立てないようにみんなに合わせておこう」という〝いわゆる日本人的な〟発想にすっかり慣らされていたことに気付き、ショックを受けたエピソードでした。

実は楽ではない〝楽な姿勢〟

こうして普段私たちはいろいろな場面で、無意識に「自分はさておき、みんな

の正解に合わせる」ということを選択しています。

こうした普通すぎて普段は感じることのない空気も、知らず知らずに私たちは感じてカラダを緊張させています。私の講座で少し自分のカラダのことを勉強したあとで、

「自分の思う〝良い姿勢〟をしてみてください」

とお願いすると、ほとんどの人は〝ピッ！〟と背筋を伸ばしていわゆる〝良い姿勢〟をとります。そこで、

「その姿勢、ご自分にとって楽ですか？」

と訊ねると、みなさん
「……あ、そういえば楽じゃないです」

とはじめて気付かれるのです。

「良い姿勢」と言われた瞬間、秒速で「みんなにとっての良い姿勢」をとってしまう。それが自分にとって本当に心地良いのか、不快なのかを感じるチャンネルはすっかりオフにしてしまって……。

もちろんこうしたことが全部「悪い」と言いたいわけではありません。合わせることが悪なのではなく、「自分は今どう感じているか」を感じて、それに価値を与えてあげることをしないことが、ひいては「リソース」を見つけにくくし、感情をこじらせやすくしているのです。

……と、偉そうに書いていますが、かくいう私もそうでした。

この本ももう最後に差し掛かっていますが、ここでちょっと私自身のエピソードを紹介させてください。

宇宙の果てには何があるの？

この本のカバーにも〝理系ボディーワーカー〟とあるように、私はバリバリの理系の人間です。

もともと小学校の頃から宇宙が大好きで、夜、ベッドに寝ると、

「この天井の上が空で、その上に星があって、そのままずっと行くと星もない真っ暗なところがあって。でも、その真っ暗な空間の端っこに行くと何があるんだろう……。星がなくなっても、〝なんにもない〟場所があるんだよね？　その端っこまで行くとどうなるんだろう……」

と毎晩考えながら寝るような子どもでした。

やがて、「星の仕事がしたい、プラネタリウムの解説をする人になりたい」と思うようになり、小学生の頃、解説委員のお兄さんに、「どうすればなれるのか？」を聞きに行きました。

そこで「星の勉強するなら大学の物理学科に行くんだよ」と教わった私は、中学3年で物理の授業がはじまるまでの数年間、宇宙の本を読みまくりながらその日を待ちました。

待ちに待った物理の授業がはじまり、先生が〝ケプラーの法則〟という、惑星

「宇宙の果てはどうなっているのだろう？」そこから探求がはじまりました。

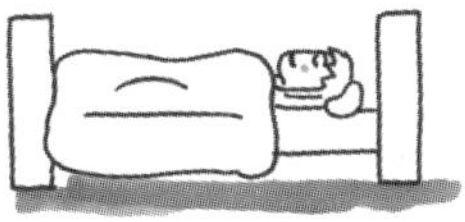

の運行に関する法則を黒板に書いてくれた時の衝撃を今でも忘れません。

「あの巨大な惑星たちの、ダイナミックな運動がたったこれだけの式で!?」

なんてこと……、超エレガント！　呆然と座っていたら先生がこう言うのです。

「お前たち、ナニ椅子になんか座ってるんだ！　外に出て驚きのあまり廊下を走り回れ！」

「はい、先生！　私、走り回りたいですっ！」

と、ココロの中で叫んでいました。

その後も、投げたボールが落下する時に描く軌道の方程式（斜方投射の運動方程式）にも感動し、何日もずっとそのことだけを考えたりするなど、着実に物理の道にはまっていきました。

憧れの宇宙物理の研究は……

その後、そのまま大学で宇宙物理を学んだのですが、大学の講義はロマンとは無縁。ひたすら、数学的な手続きを学び続けるだけで、「何かがわかっていく」という感じは得られませんでした。

私は、時間について、一つずっと謎に思っていたことがあったのですが、研究者は〝哲学〟や、ましては〝スピリチュアル〟なことに踏み込むことなどご法度な世界でした。そういうのは「大学を退官した教授がやるもの」というのが研究者仲間の一般認識で、エラい先生方が退官後、そういった本をお書きになるのを見ては、〝みんなやっぱりやりたいんじゃないの！〟と思ったものです(笑)。

オーストラリアの砂漠で、満天の星空の下、ブラックホールを観測したり、世界でまだ誰も見ていないデータを解析している時のドキドキ感。そしてたまたま観測した天体が、〝アタリ〟天体で、共同研究者の一人として、あの有名な科学雑誌「ネイチャー」に名前を載せてもらったこともありました。

こうした科学実験に関わることで、科学がどのように理論を構築し、検証していくかを学ぶことができたのは、今でもとても役立っています。それと同時に科学、というものが扱える領域の狭さも目のあたりにしました。

さらに研究の世界というのは、基本的に男性中心の社会で、激しい競争の世界でもあります。

私自身、そこで研究することの楽しみを感じてもいましたが、研究者として残り続けることの限界を感じたのと、〝何かがわかった〟という感じを得られなかったため、大学院を修了後、就職することに決めました。その後は宇宙関連の仕事をしている会社でシステムエンジニアとして働きはじめました。

〝研究の世界はもうお腹いっぱい!〟と思っていたので、なんとなく〝宇宙関連の仕事に就いて、好きなサッカーを見に行けるくらいのお金がもらえればいいかな〟と、深く考えることもなく、第一志望だった会社に就職しました。

アトピーに悩んだすえに出会ったヨガ

実は大学で研究室に入った頃から、子供の頃からあったアトピーがひどく悪化していました。その頃は〝研究のストレスも原因だろうから、就職すれば良くなるかしら？〟と期待していましたが、エンジニアならではの激務もあって、その後も悪化の一途をたどっていました。

平日は夜遅くまで仕事をし、休みの日は一日中アトピーを治す情報を求めて本やネットをさまよう日々。今思えばそんなことをしているからますますストレスが溜まって悪化していたのだとわかりますが、その頃は必死だったのです。

その時お世話になった会社は、職場環境も仕事仲間にもとても恵まれていて、今でも感謝しています。でもだからこそ、「期待に応えて、いや期待以上に成果を上げて評価されたい」と、(ここがやっかいなところなのですが)〝無自覚に〟頑張りすぎていたのだと思います。

アトピーはどんどん悪化し、ついには全身が真っ赤に腫れあがり、横になって眠ることもできないほどになっていました。そのためこの頃はソファーに座って、壁にもたれて寝ていました。

息をするのも痛くて常に息を詰めている状態……。

〝さすがにこれはまずい〟と思い、〝とりあえず息をしなければ!〟と近所のヨガスタジオに通いはじめました。

そこでも私の頭の中は常に「アトピーを治さなければ!」というプレッシャー一色。

最初のクラスで勢いよく先生のところに行って、

「先生、私アトピーを治したいんです!」と訴えました。

すると先生はしずかな目でこう言われたのです。

「まずは、自分のストレスに気付いてください」

「?????」

〝望んで入った会社で、人にも恵まれていて、そんなに楽しくもないけど嫌でもない仕事をして、結婚もして、恵まれた環境にいるんですけど？　ストレスとか、ないんですけど？？〟

私の頭の中はクエスチョンマークで一杯になりました。


〝ヨガの先生ってよくわからない……〟と思いながらも、久しぶりにカラダを動かす気持ちよさにハマった私は、せっせとヨガに通いはじめました。

おもいっきり汗をかいて、動いて、最後の休息のポーズ（シャバアサナ＝屍のポーズ）で横になっていると、久しく忘れていた〝リラックス〟という感覚を感じられるようになってきました。

そうした、

〝ヨガでリラックス→会社に行く、ヨガでリラックス→会社に行く〟

という生活を繰り返しているうちに、

「あれ？　もしかして私、会社ではかなり頑張って、緊張しているのかも？

これがストレスということ？？」とやっと気付いてきたのです。

そうです、私も「自動的に社会に合わせて、自分がリラックスしているのか、ストレスを溜めているのかも気付かない」「そもそも自分の感覚というものがよくわからない状態」そのものだったわけです。

「カラダ」は、アトピーという形でずっとストレスのサインを出し続けていたのに、私の「頭」は、「恵まれた環境にいるんだから、ストレスなんて感じているはずはない」と、それを感じることを遮断していたのですね。

ある時、家でヨガをやったあと、シャバアサナで横になっていたら、「はっ！　この指の先、足の先、隅々まで私のカラダだったんだ‼」という、ものすごくリアルな感覚がやって来ました。

「私が、〝いた〟んだ！」

こう文字にすると当たり前すぎて笑ってしまいますが、頭でっかちで、〝人から評価されてなんぼ〃と思っていた私が、ヨガを通してはじめて自分の感覚に出会った瞬間でした。

この時を境に急激に、アトピーは良くなっていったのです。

今ならあの時、自分に起こっていたことがわかります。あの時の私は、自分がストレスを感じている、つまり、〝リソースがない状態で走り続けようとしている〃ことにさえ気付いていませんでした。

〝頑張ってなんぼ〃

〝アトピー治さなきゃ人生がはじまらない〃

と神経系を緊張させ続けていた高止まりの状態が、ヨガでカラダがリラックスすることで、少しずつ落ち着きを取り戻すことができるようになっていたのですね。

カラダの感覚を感じられるようになって、私にとって本当に心地よく幸せを感じるのは、「人に評価されることではなかった」とようやく気付きました。自分のリソースを見つけられるようになったのはこの頃からです。

こうした経験を経て、私は現在のボディーワーカーへと至る道を進むことになりました。

〝ココロとカラダのつながりって、すごい！　科学とは違う真実がある〟と思った私は、

「理系から癒やし系に転身します！」

と宣言して、その後はクラニオセイクラル（頭蓋仙骨療法）や数多くのボディーワーク、ヒーリング、心理学を学んだ後、オリジナルの講座・ＰＢＭ（プレゼンス・ブレイクスルー・メソッド）を開講、先に紹介したトラウマ療法・ＳＥに出会い、現在はボディーワーカーとして施術をする傍ら、意識・感情システム研究家としてマイペースで仕事をしています。私生活では14年前に結婚、35歳の時に出産をして家庭という新たな宇宙を探求しています（笑）。

最高のエンターテインメント〝感情〟を楽しむために

こんなふうに書いて、「じゃあ和葉さんはネガティブな感情が湧いたり、巻き込まれて苦しいことが一切ないの？」と言われると、もちろんそんなことはありません。

時には仕事で一杯一杯になったり、夫に「むかっ！」と腹を立てたり、子どもに「なんでそんなことするの〜っ」と頭を抱えたりすることも、しょっちゅうです。

感情は乱れたり、時には巻き込まれたりもしますが、リソースを常に確保することで、自分を満たし安定させておけるようになり、散らかった感情を片付けられるようになったので、ココロのベースはとても平和になりました。

感情を片付ける、というとなんだかとてもドライで冷たい感じがするかもしれませんが、これは「感情をなくす」ということとはまったく違います。ネガティブな感情をまったく感じなくなることとも違います。

感情に苦しまなくなりたい、と思いながらも、感情が完全に安定したら……、私たちはきっと退屈してしまうでしょう。

上がったり下がったり、喜びに飛び上がったと思ったら、どん底に落ちて泣いたり、振り回されたりハマったり。そのこと自体が私たちにとって「壮大なエンターテインメント」だからです。

私たちは、〝感情を、味わいたい〟のです。

ジェットコースターやお化け屋敷に何時間も並んで、お金を払ってまでして「キャー!!」と怖がりたい、映画館で悲しい映画に「あぁ！」と涙を流したい、スポーツを見て「ウォー！」っと興奮したい、そういう生き物なのです。

友達の話に共感したり、一緒に笑ったり、怒ったり、そうやって一緒に何かを共有したいのです。

感情はさまざまなフレーバー（味）のようなもので、いろいろな種類を味わいたいという欲求があるのでしょう。もし私たちに、生まれてきた意味、というようなものがあるとすればこの、時に面倒くさいいろいろな感情も「味わいたい」という意図があったのではないかと思います。

グルグル巻き込まれることも、また一つの味わいとして、「実は自分で選んでいる側面もある」と言われたらなんとなく思い当たるフシがありませんか？

でもやっぱり遊園地では楽しめるけれど、日常生活ではあまり恐怖を経験したくありませんよね。なぜでしょう？

違いは、遊園地には「安全」「安心」という大きなリソースがあるということ。私たちはいろいろな感情を「安全な中で」楽しみたいと思っています。

ジェットコースターの恐怖は、〝本当は安全〟だし〝降りたら終わる〟とわかっているから楽しめる。映画も、スポーツも、その感情が〝外に出たら終わる〟。つまり、最初から〝片付けられる〟とわかっているからこそ楽しめるのではないでしょうか。

この本のエクササイズを通して片付けることができるようになってくると、もっと感情を楽しみ、味わうことができるようになってきます。

今自分が感じていることをただ感じて、リソースがあれば、片付けてくれるシステムを私たちはカラダの中に持っているという、このことこそ、何よりも大きなリソースなのではないかと私は思っています。

「あなたは大丈夫」というよく言われる（特にスピリチュアルな場で）メッセージ。

私はそれが本当なのだと、「本当に大丈夫なのだ」と、多くのクライアントのみなさんとの関わりを通して実感しています。自分を癒やすシステムの力は、それほどまでにすごいのです。これは「大丈夫だったらいいなあ」という理想ではなく、大丈夫なのだという〝観測的事実〟です。

「あなたは、すでに大きなリソースを持っています。
だからどうぞ、この〝感情〟という壮大な
エンターテインメントを楽しんで！」

というのが、この本のメッセージです。

何気ない子どもの一言に胸打たれる。
ちょっとした夫の気遣いに気が付く。
仕事上の小さな会話が楽しい。

といったこともあれば、時には逆に辛いこともあるでしょう。
仕事上の失敗や失恋、病気、愛する者との別れなど、生きていればどうしようもない悲しいことや辛いことはあります。そして、その時に湧き上がる感情もまたあなたの人生の一部で、これを避けることはできません。時には否応なくそうした感情の渦に巻き込まれることもあるでしょう。

そんな時ほど、苦しみではなくリソースの方に意識的になって、生き物としての力にゆだねていけば、時間とともに神経は次第に落ち着きを取り戻し、次の力が湧いてきます。そしてその感情を乗り切ったことが、次のリソースとなって人生を豊かにしていってくれるはずです。

この、〝感情片付け術〟は、

〝片付けることでより自分の感情を深く豊かに味わえる〟

ためのものです。もう少し言えば、

「片付けられるから、散らかすこともできる」
「安心して自分の感情に振り回されることができるようになる」

ことの助けになればと思っています。

避けたいのは〝巻き込まれっぱなし〟になってしまうこと。感情と過剰に一体化してしまわずに、ちょっと片付けて作ったスペースに立って〝感情を眺めるあなたの居場所〟を作ってあげてください。

だからいつも完璧に感情を片付ける必要なんてありません。

時にはパーッと感情を爆発させても、こじれても全然ＯＫ！

何かに感動したり、悲しんだり、時には怒ることだって、あなたの人生を彩るかけがえのない一部です。人と人とのコミュニケーションも本当に響き合うのは、お互いに自分の気持ちに正直な時ですよね。

そうやって私たちは、毎日いろいろな感情をもとに、あなたにしか描けない人生の絵を描いているわけです。

そして片付け方さえ知っていれば、この最高のエンターテインメントを特等席でたっぷり楽しむことができるのです。

人生という、一生飽きない臨場感満点のエンターテインメント。

泣いて、笑って、怒って、うかれて、こじれて、そして羽ばたいて、心ゆくまで楽しみましょう！

この人生という遊園地で、あなたと出会えたことを心からうれしく思います。

閉園のお時間まで、ともに味わい尽くしましょう！

「片付けられるから散らかせる」。最高のエンターテインメントを楽しみましょう！

あとがき

私はもと理系畑出身ということもあって、どんなものごともついつい「その背後にある法則や仕組み」を探してしまうくせがあります。

「感情は、どういう現象として扱えるのだろう？」

「感情が生まれる時、消える時、一体何が起こっているのだろう？」

そんなふうに研究し続けてき結果、生み出されてきたことの一つが、この「システム感情片付け術」です。

科学者の永遠の夢は「大統一理論を作ること」、つまりすべてのことを説明できる理論を見つけることです。

私も本書で繰り返し触れている「カラダとココロ」のつながりを通して、人間というものの全体像、そして人と人との響き合い（共鳴）のメカニズムが見えてきました。

生理学やボディーワークを通して触れることができるようになったその世界に今は魅了されています。

私は、「生きていることはすべて実験だ」と思っています。

良い感情も悪い感情もなく、成功も失敗も、正しいも間違いもなく、ただ、「いろいろなことがある」

それだけなのだと。宇宙から人間までを一つのシステムとして見た時、そんなふうに思うのです。

ただ、一つだけ本書を読む方へお願いがあります。

あまりにも感情が苦しい時、苦しさが長期に渡っていてカラダに不調が現れていたり、生きていること自体に全く希望が持てないくらい行き詰まってしまったと感じた時は、どうぞプロの手を借りてください。

ボディーワーク、セラピー、さまざまな代替医療、時には医療の現場で、あなたを支えることができるプロの技術を持っている人がいます。

一人のリソースでは足りない時、支えてくれる周りの人やプロの力、という「リソース」をどうぞ使ってくださいね。エネルギーが戻ってきた時、今度は支える側に回ればよいのですから。

この本の刊行にあたって、私もたくさんの方のご協力を頂きました。支えてくださったすべての方に心からお礼申し上げます。

日貿出版社の下村敦夫さん、ＰＢＭの受講生で編集者の阿久津若菜さん、イラストレーターの伊東昌美さん、情熱を持ってこの本を世に送り出してくださりありがとうございました。

ソマティック・エクスペリエンスを生み出してくださったピーター・レヴァイン博士、本書でも引用させていただいた片山洋次郎先生、エサレン研究所の諸先生方をはじめ、すばらしい先生方との出会いに心から感謝いたします。

またこれまでに出会ったクライアントや生徒のみなさま、みなさまとの出会いと経験を通して私自身の学びや研究を深めていくことができました。ありがとうございました。

ボディーワーカーの田畑浩良さん、藤本靖さん、扇谷孝太郎さん、サイコセラピストの藤原ちえこさんには、日頃からたくさんのご指導やこの本のヒントとなるような多くの貴重な学びをさせていただき、本書刊行にもご協力を頂きました。ありがとうございました。

最後に執筆を支えてくれた私の最大の「リソース」、夫と娘に、心からの感謝を。

みなさま、本当にありがとうございました。

２０１６年４月　牡羊座の新月の日に　小笠原和葉

〈参考文献〉
『安保徹のやさしい解体新書』安保徹（著）　実業之日本社
『Q健康って？』よしもとばなな（著）　幻冬舎
『ソマティック心理学』久保隆司（著）　春秋社
『目から鱗のメガネ楽』内山公（著）　静岡新聞社
『ネッター解剖学アトラス』フランク・ネッター（著）、相磯貞和（翻訳）　南江堂
『奇跡の脳』ジル・ボルト・テイラー（著）、竹内薫（翻訳）　新潮社
『心と身体をつなぐトラウマ・セラピー』ピーター・リヴァイン（著）、藤原千枝子（翻訳）　雲母書房
『子どものトラウマ・セラピー』ピーター・リヴァイン、マギー・クライン（著）、浅井咲子（翻訳）雲母書房

小笠原和葉（Kazuha Ogasawara）
ボディーワーカー／意識・感情システム研究家

東海大学大学院 理学研究科 宇宙物理学専攻課程修了。学生時代から悩まされていたアトピーをヨガで克服したことをきっかけに、ココロとカラダの研究をはじめ、エンジニアからボディーワーカーに転身。施術と並行して意識やカラダを含んだその人の全体性を、一つのシステムとして捉え解決するメソッド「プレゼンス・ブレイクスルー・メソッド（PBM）」を構築。海外からも受講者が訪れる人気講座となっている。
「小笠原和葉｜PBMオフィシャルサイト」 http://pbm-institute.jp

理系《りけい》ボディーワーカーが教《おし》える"安心《あんしん》"
システム感情片付《かんじょうかたづ》け術《じゅつ》

●定価はカバーに表示してあります

2016年5月20日　初版発行
2016年6月10日　2刷発行

著　者　小笠原《おがさわら》 和葉《かずは》
発行者　川内 長成
発行所　株式会社日貿出版社
東京都文京区本郷5-2-2　〒113-0033
電話　(03) 5805-3303（代表）
FAX (03) 5805-3307
振替　00180-3-18495

印刷　株式会社ワコープラネット
カバー・本文イラスト／伊東昌美
装幀・本文レイアウト／野瀬友子
帯写真／菅原ヒロシ

落丁・乱丁本はお取り替え致します

ISBN978-4-8170-7037-1
http://www.nichibou.co.jp/